책세상문고 · 고전의 세계

과학 시대의 이성

VERNUNFT IM ZEITALTER DER WISSENSCHAFT

책세상문고·고전의 세계

과학 시대의 이성

VERNUNFT IM ZEITALTER DER WISSENSCHAFT

한스 게오르크 가다머 지음

·

박남희 옮김

책세상

Vernunft im Zeitalter der Wissenschaft
by Hans-Georg Gadamer

일러두기

1. 1. 이 책은 한스 게오르크 가다머Hans-Georg Gadamer의 《과학(학문) 시대의 이성 *Vernunft im Zeitalter der Wissenschaft*》(Frankfurt am Main: Suhrkamp Verlag, 1976)을 완역한 것이다.
2. 주는 모두 후주로 처리했으며, 가다머의 글에서 저자의 주는 '(저자주)'로, 옮긴이의 주는 '(옮긴이주)'로 구분해 표시했다.
3. 원서의 〈 〉는 ' '로, 《 》는 " "로, 이탤릭체는 고딕체로 표시했다.
4. 〔 〕 안의 내용은 독자의 이해를 돕기 위해 옮긴이가 보충한 것이다.
5. 주요 인명과 책명은 최초 1회에 한하여 원어를 병기했다.
6. 맞춤법과 외래어 표기는 1989년 3월 1일부터 시행된 〈한글 맞춤법 규정〉과 《문교부 편수자료》를 따랐다.

과학 시대의 이성 | 차례

들어가는 말

20세기가 낳은 위대한 철학자 한스 게오르크 가다머Hans-Georg Gadamer의 대표작 《진리와 방법*Wahrheit und Methode*》이 그의 나이 60세가 되던 해인 1960년 출간되었다. 해석학의 기념비적 저서인 이 책은 해석학만이 아니라 종교, 교육, 법, 의학, 예술, 문화, 사회 등 모든 분야에 다방면으로 지대한 영향을 미칠 만큼 매우 중요한 저서이다. 그럼에도 불구하고 한국에서는 또다시 60여 년이 지난 2012년에야 그 완역본이 출간되었다. 이로 인해 한국에서는 그의 철학을 접하는 데 어려움이 있었을 뿐만이 아니라 철학사 안에서 그의 중요도에 비해 상대적으로 인지도가 낮았던 것도 사실이다.

이는 전공자들의 나태함의 책임도 있겠지만 무엇보다도 그가 다루는 내용의 깊이와 범위가 워낙 심오하고 방대하기 때문이기도 하다. 그의 철학은 정지해 있는 사물이 아닌 살아 있는 운동 그 자체를 전 철학사를 꿰뚫어가며 주변학문과의 연결성 안에서 논하고 있기에 그만큼 다각적이고 다층적인 통찰력을 필요로 한다. 뿐만 아니라 이를 다루는 그의 문체 또한 수월하지가 않다. 특히 능동적 주체적 글쓰기에 익숙한 이들에게 피동형의 글쓰기로 주체에 의해서 부려지던 사유에서 새로운 사유로의 전환을 시도하는 가다머의 글쓰기를 이해하기란 그리 쉬운 일이 아니다.

그나마 다행스러운 것은 늦은 감이 없지는 않지만 2009년 그의 중요 저작 중에 하나인《과학(학문) 시대의 이성*Vernunft im Zeitalter der Wissenschaft*》이 번역 출간된 일이다. 이 책은 지난 2009년에 출판된《과학(학문) 시대의 이성》을 보다 가독성 있게 수정 보완한 개정판이다.

《과학(학문) 시대의 이성》은 가다머가 1976년에 6편의 강연과 논문을 모아 엮은 책으로, 그의 철학의 핵심 사상이 아주 잘 요약, 정리되어 있다. 물론 가다머의 주저가《진리와 방법》이라는 사실에는 이의가 없으나,《과학(학문) 시대의 이성》 또한 그의 철학 전반에서 의도하는 바가 무엇인지를 아주 간략히, 그러나 아주 핵심적으로 설명하고 있다는 면에서 그에 못지않게 중요한 책이다. 1960년 출간된《진리와 방법》이 큰 반향을 불러일으키며 다양한 반응이 제기되자 가다머는 그의 철학에 대한 오해와 논쟁을 불식시키고자 강연과 짧은 소논문 등을 모아 1982년《과학(학문) 시대의 이성》을 출간한다. 그는 이 책을 통해 자신이 무엇을 이야기하고

자 하는지 좀 더 자세하게 밝힌다.

《과학(학문) 시대의 이성》은 그러한 면에서 《진리와 방법》의 연장선상에서 실제로 진리 개념을 근대의 자연과학의 방법론과는 다른 정신과학에서 이해 개념으로 새롭게 개진해간다. 《진리와 방법》이 기존의 철학과 달리 자신만의 존재론적 해석학을 구현하기 위해 1부를 예술 경험의 진리 문제에서 시작한다면, 《과학(학문) 시대의 이성》은 사유의 운동이라는 이성의 관점에서 과연 철학이란 무엇인가를 물으며 시작한다. 이 점에서 《과학(학문) 시대의 이성》은 《진리와 방법》 2부에서 다루고 있는 "진리 문제를 정신과학에 있어서의 이해로 확장하기"와 맥을 같이한다고도 볼 수 있다. 단지 《진리와 방법》의 2부가 해석학의 역사에 초점을 맞추어 전개하고 있다면, 《과학(학문) 시대의 이성》은 이성의 운동을 논한 헤겔G. W. F. Hegel과의 연관성 위에서 이성의 문제를 구체적 현실 안에서의 실천 이성의 입장에서 논증해간다는 점이 다를 뿐이다. 바로 이러한 점 때문에 《과학(학문) 시대의 이성》은 그 어느 책보다 가다머 철학에 쉽게 다가갈 수 있기도 하다.

근대 과학의 방법적 이상에 대한 비판에서 출발하고 있는 가다머는 철학을 여러 분과 학문 중 하나나 다른 실증학문의 이론적 근거로서가 아니라 구체적인 삶 안에서 진리가 무엇인지를 묻고 이를 이전과 다른 새로움으로 나아오는 일로서 논한다. 다시 말해 가다머에게 철학은 철학적 이론을 구하는 단순한 앎의 차원이 아니라 실제로 철학함이라는 앎과 행위의 하나 됨이라는 삶의 차원에서 논한다. 늘 달리 이해하고 해석하며 자기를 새롭게 실현하며 나아오는 구체적 삶의 생성운동이 진리이며 철학함이고 해석학이라는 가다머의 해석학은 해석의 방법을 구하는 이론적 학문이 아니라, 해석하며 있는 존재에 관한 학문, 다시 말해 존재가 해석하며 있다는 존재 생성에 관한 학문이다. 그래서 우리는 그의 해석학을 가리켜 존재론적 해석학, 또는 철학적 해석학이라 한다.

이는 해석학이란 무엇을 보다 더 잘 이해하고 못하고 하는, 그래서 무엇이 옳고 그르다는 사실 진위 여부를 묻는 것이 아니라, 이해하며 해석하는 가운데 늘 달리 자신을 새롭게 만들어가는 존재 실현을 궁구하는 것을 의미한다. 이는 무엇을 이해한 후에 적용하고, 그래서 그것을 차후에 따로 정립해가는 것이 아니라, 이해가 곧 적용이며 적용이 해석인, 이해와 적용과 해석을 하나로 하여 늘 달리 새롭게 실현해가는 존재의 자기 운동을 존재 해명으로 삼는 까닭이다. 가다머는 이처럼 구체적인 삶 한가운데에서 마주하는 모든 것과 더불어, 늘 달리 이해하며 해석하며 실현해가는 것이 바로 철학하는 일이고 이를 진리라 하며 이를 다루는 학문을 해석학이라 한다.

진리는 이처럼 실체적이며 실증적인 것이 아니라, 바로 구체적인 삶을 만들며 나오는 이해의 운동으로 가다머는 철학을 개별 학문으로서가 아닌, 이해하며 적용하며 해석하며 늘 달리 자신을 새롭게 자신을 만들며 나오는 생성의 일로 이야기한다. 그렇게 이해함이 곧 '그렇게 사는 일'로, 철학함이란 곧 사는 일이며, 철학은 해석학이라 하는 것이다. 그러기에 철학은 특정한 시대, 특정한 사람, 특정한 영역에서만 행하는 것이 아니라 모든 시대, 모든 영역, 모든 사람들의 삶의 전 영역에서 이루어지는 것으로 현대의 과학 기술의 시대에서도 여전히 철학은 이야기되고, 또 이야기되어야만 하는 까닭이다.

그런 의미에서 현대 과학 기술의 언명도 일종의 세계에 대한 시대적 이해이고 해석이라 할 수 있다. 오늘날 다양한 학문들에서 그 누구보다도 가다머의 해석학을 많이 차용하는 까닭도 바로 이와 무관하지 않다. 그러한 면에서 철학을 강단 안에 가두고 그 안에 안주하는 사람들과 그로 인하여 오늘날 철학을 무용한 학문으로 치부하게 된 이들, 바삐 앞으로만 나아가고자 하는 현대인들 모두에게 가다머의 해석학은 매우 의미 있는 문제를 던져준다. 가다머가 한 세기하고도 두 해를 더 살다 간 것도 바로 그가 자신의 철학처럼 실제 삶도 살아간 까닭이 아닐까.

번역은 가능한 한 원문에 충실하면서도 우리말 어법에 맞추려고 노력했으나 그의 철학적 특성을 살려야 하는 부분은 부득이하게 그대로 번역할 수밖에 없었다. 그러나 가독성을 위해 지나치게 긴 문장은 가능한 한 짧은 단문으로 끊어 쓰고, 전체 의미가 크게 왜곡되지 않는 선에서 과감히 의역을 하기도 했다. 그래도 번역은 역시 오역일 수밖에 없음을 통감하면서 굳이 위안을 한다면 이 책이 가다머의 철학으로 가는 귀한 마중물일 수 있으리라는 것, 부족한 부분은 독자들의 이해로 보충할 수 있기를 청한다.

2016년 10월 척박한 이 땅에서 철학이라는 길을 가고자 하는
용기 있는 모든 동학들과 새로운 세상을 꿈꾸며 경희궁에서
박남희

1

과학(학문)의 철학적인 것과 철학의 과학(학문)성에 관하여[1]

우리가 철학이라고 말하는 것은 소위 실증과학과 같은 의미에서의 과학학문Wissenschaft[2]이 아님은 분명하다. 실증적인 것, 즉 이미 주어진 것을 규명하는 실증과학 학문은 실증과학의 연구 영역과 동일한 방식을 취한다. 이러한 것이 철학이 아님은 분명하다. 철학은 전체적인 것을 문제 삼는다. 그러나 이 전체는 결코 개체의 총체처럼 부분들의 모두라는 의미에서의 전체가 아니다. 이 전체는 모든 유한한 인식 가능성을 넘어서는 이념으로, 우리가 과학적 방식으로 인식할 수 있는 것은 결코 아니다. 그럼에도 철학의 과학(학문)적인 것Wissenschaftlichkeit에 관하여 말하는 것은 충분히 의미가 있다. 철학이라 하면 여러 면에서 과학적인 것의 모든 요구를 넘어서는 독특한 세계관처럼, 주관적이며 사적인 것이라고 흔히 생각한다. 그럼에도 불구하고 철학은 과학적이라고 할 만한 충분한 이유가 있다. 철학은 실증과학과 아주 다른 것임에도 불구하고 이와 유사한 면이 있다. 그러나 철학은 여전히 주관적 명증성에 근거를 두는 세계관의 영역이며 실증과학학문과는 구별된다. 이러한 구별에도 철학은 주관적 명증성으로 근거를 이루는 세계관의 영역과는 다른 차이를 가진 과학과 밀접한 유사성이 있다. 이러한 유사성은 단지 그것들의 근원에 기인하는 것만은 아니다. 철학과 과학은 분리될 수 없는 하나의 방식으로 존재하는데 이 모두는 그리스인들의 창작물이라는 것이다. 그리스인들은 모든 이론적 앎(知)을 철학이라는 포괄적 이름으로 언급한다. 마치 크리스티안 볼프Christian Wolff가 중국의 지혜sapientia sinica를 "실천철학"으로 파악했던 것처럼 우리〔서구인〕는 그동안 그리스 언사로 동아시아와 인도 철학에 대해서 말해왔다. 다시 말해 다른 여러 지역의 사상도 사실상 우리의 서양 철학과 학문적 전통하에서 전혀 다른 형태의 소재로 구성하여 말해왔던 것이다.

우리의 〔서양〕 언어에서 철학은 "제 학문 안에서 철학적인 것"이라고 부르는 모든 것을 의미한다. 다시 말해 무기적 자연, 유기적 자연, 식물계, 동물계, 인간계 등과 같이 과학학문의 그때그때의 대상 영역을 규정하는 근본 개념 차원에서 철학을 이야기한다. 철학이 이와 같이 사고 형식과 지식 형식으로 과학의 친밀성의 배후로 물러나 있는 것은 옳지 않다. 이러한 철학은 오늘날 흔히 "과학 이론Wissenschaftstheorie"이라고 불리며 철학적 해명을 요구하는 부분이기도 하다. 그렇기에 철학은 과학이 아니면서도 과학과 어떻게 친밀성을 가지는가 하는 문제가 제기된다. 특히 철학이 오늘날 어떻게 철학적 요구에 충분히 해명할 수 있는가라는 문제와 더불어 논리 법칙을 따르지 않고 전체에 대한 환상에 가득 찬 모든 사변을 거부하는 탐구 논리가 철학 자체 안에서 어떻게 충분히 인식되어왔는가 하는 것이다.

그런데 과학의 방법적 사고를 수행하는 단순한 규명은 존재자 전체 안에서 통일로 인식하는 이성의 궁극적 욕구를 여러 측면에서 충족시킬 수 없다. 우리의 앎을 체계적으로 종합하려는 요구는 여전히 철학의 정당한 영역으로 남아 있으나, 체계적 질서 연구를 완성하려는 철학에 대한 신뢰는 점점 더 회의적이다. 오늘날 인류는 자신의 한계를 받아들임과 동시에 과학이 취하고 있는 지식의 극복할 수 없는 특수성에도 불구하고, 과학의 진보와 학문에 힘입어 자연에 대한 지배를 늘리면서 대단히 만족스러운 새로운 방식을 구하는 듯 보인다. 인류는 우리의 기대와는 달리 인간에 대한 인간의 지배를 감소시키기는커녕 오히려 자연 지배를 점점 확대함으로써 〔인간〕 내면의 자유까지도 위협당하는 부작용을 초래하고 말았다. 기술의 증대에 따라 인간 사회가 통제되고, 공적인 여론 형성이 통제되고, 모든 사탁의 생활이 통제되며, 직업과 가족 사이에서 각 개인의 시간 배분도 통제되면서 우리의 숨도 조여온다. 〔그렇기에 때론〕 형이상학과 종교가 근대 과학의 강력한 힘보다 인간 사회 질서를 더 잘 제시하는 것처럼 보이기도 한다. 그러나 형이상학과 종교가 주장하는 것은 오늘날의 인간이 실제로는 물어볼 수 없는 질문에 대한 대답이며, 사람들이 생각하는 것처럼 물어볼 필요도 없는 물음에 대한 대답이다.

〔이러한〕 철학의 사태에서 헤겔이 완전한 앙가주망 Engagement을 이끌어낸 것은 헤겔도 그 당시 "그 자체로 불가능한 모순einen in sich unmöglichen Widerspruch"을 알았던 것으로 보인다. 헤겔은 그래서 형이상학이 없는 민족은 가장 거룩한 것이 없는 속이 비어 있는 사원으로, 그 안에는 아무도 살고 있지 않다[3]고 말한 것을 알 수 있다. 그러나 "형이상학이 없는 민족이라니!"라는 헤겔의 이 표현에서 "민족"은 정치적 통일체가 아니라 언어의 공동체임을 간과해서는 안 된다. 감동과 향수를 자극하기도 하고, 동시에 철저한 계몽주의자의 조소를 받기도 하는 헤겔의 이 문장은 오늘날 우리의 시대 상황과 세계 상황 속으로 갑자기 다시 밀려들어 오면서, 우리로 하여금 다음과 같은 물음을 진지하게 묻게 한다. 즉, 모든 사람이 같은 언어로 하나가 되는 그 연대감 안에서 그 내용과 구조를 문제 삼는 그 어떤 것이 지금도 여전히 있는가, 그 어떤 과학도 물어볼 수 없는 그 무언가가 있는가? 실상은 과학도 "사유"——하이데거Martin Heidegger는 많은 오해가 있다고 생각되는 이 단어를 강조한다——하고 있을 뿐만 아니라, 실

제로 자기 자신의 언어로 말하고 있는 것은 아닌가?

언어의 문제가 우리 시대의 철학에서 중심적 위치를 차지하고 있다는 것은 의심할 여지가 없다. 그런데 오늘날 언어의 문제는 훔볼트K. W. Humboldt 언어철학의 오래된 전통으로도, 일반적인 언어과학이나 언어학의 포괄적 요구로도 해명할 수가 없다. 오늘날의 언어는 한편으로는 현상학적 연구에 의해서, 다른 한편으로는 영국의 실용적pragmatisch 사유 전통 안에서 행한 실천적praktisch 생활세계를 재음미하며 이루어진다. 이로 인하여 인간의 생활세계와 분리될 수 없는 언어를 주제로 하여 전체적인 것을 묻는 형이상학의 고전적 문제의 새로운 토대가 주어지는 것처럼 보인다. 이와 관련해서 볼 때 언어는 인간에게 단순한 도구나 아주 훌륭하고 적합한 장비가 아니라, 우리가 공동 존재로서 처음부터 그 안에 살고 있으며 그것과 함께 하나가 되어 살아가는 전체적인 것을 열어놓는 매체임을 알 수 있다. 전체적인 것을 열어 보이는 것은 과학적 언표 체계의 일방적 언어 방식으로는 가능하지 않을 뿐만 아니라, 그러한 언어는 존재하지도 않는다. 과학적 언표 체계는 철저하게 그때그때 표시되는 연구 영역으로부터 규정되는 것에 불과할 뿐, 〔참다운〕 언어는 현실적으로 언어가 이루어지고 말해지는 두 사람 사이의 대화가 일어나는 바로 그때, 그들이 문제를 함께하는 바로 그곳에서 전체적인 것에 의해auf das Ganze hin 열리기 시작한다.[4] 의사소통이 행해지는 곳에는 어디든지 언어가 사용되며 바로 거기에 언어가 있는 것이다. 그리고 철학은 언어에 의해 행해진다. 철학은 과학적이며 객관화할 수 있는 모든 대상 영역을 넘어서 "전체적인 것"에 대해 문제를 제기한다 ―― 소크라테스가 길잡이 역할을 한 대화에서부터, 그리고 플라톤과 아리스토텔레스가 같은 방식으로 사고 분석의 기준으로 삼았던 로고스logos를 "변증법적"으로 방향 지으면서부터 철학은 언제나 늘 그리했다. 그리고 플라톤, 아리스토텔레스 시대 학문이 문제 삼았던 것처럼, 사물들Dinge의 직접적 탐구를 통해 방향을 열어가는 길을 완전히 상실하고 나서, 플라톤의 《파이돈*Phaidon*》[5]에서 소크라테스가 열어놓은 그 유명한 두 번째 선(善)의 길[6]이 있게 된다. 이것이 바로 이념에의 전환이다. 이념에의 전환에서 영혼이 자기 자신과의 대화로, 다시 말하자면 사유로 무한히 자기 이해를 실현해간다. 더 나아가 정립과 반정립, 정론(正論)Spruch과 반론Widerspruch(모순)의 개념이 갖는 경직된 언어를 지양하고, 자기를 넘어서려고 노력한 헤겔 변증법적 언어는 언어를 계속 사유하며 자기 자신을 언어로 귀환시킨다. 이때 언어는 있는 바대로의 언어sie es ist이고 그 언어 안에서 개념은 개념으로 실현된다.

그리스 사람은 이러한 방식으로 철학의 문제를 생각했다. 비록 억제할 수 없는 앎에의 의지가 그 토대를 이루지만 그렇다고 해서 우리는 그것을 〔오늘날의 의미에서〕 과학이라고 부르지는 않는다. 형이상학의 처음 이름은 "제일 과학prima philosophia"[7]이다. 이것은 전통 형이상학의 내용인 신과 세계와 인간에 관한 앎이다. 그러나 이 앎은 수학적인 제과학과 수론과 삼각법과 음악(천문학)을 모범적으로 설명하고 있는 다른 모든 지식들에 대해 무조건 절대적 우위에 있지는 않다. 반면에 우리가 오늘날 쓰는 과학이라는 말은 대체로 그리스어로 철학philosophia 일반을 염두에 둔 말은 아니다. 그리스 사람들에게 경험과학이라는 표현은 나무로 만든 쇠처럼 들린다. 그리스 사람들은 과학을 이야기Historie, 지식 기술Kunde이라고 불렀다. 우리가 익히 아는 과학이라는 개념을 그리스 사람들은 애초에 제작을 가능하게 하는 기초 지식이라고 흔히 알고 있다. 그리스 사람들은 그것을 제작적 지식poetike episteme 또는 기술techne이라 불렀다. 이러한 표준사례와 기술의 주도적 역할 양식이 의학이다. 그러나 우리가 의학의 인간적인 일에 경의를 표하듯이 그리스인은 의학을 과학학문이라고 부르지 않고 의술이라고 불렀다.

지금 우리가 문제 삼는 이 주제는 그러한 면에서 보자면, 과학의 단초와 오늘날의 비판적 상황을 모두 포함한 서양 역사가 걸어온 전부라고 하겠다. 오늘날의 비판적 상황은 과학을 토대로 단일화해서 거대한 기술적 기업으로 바뀐 세계이다. 우리의 물음은 이와 동시에 실제로 우리 자신의 역사로부터 현존하는 세계를 넘어서 있다. 왜냐하면 우리의 세계는 과학의 언어 안에서 표현되지 못하고 과학의 토대로 완결될 수도 없는 다른 문화권의 지혜 전통과 지식 전통도 있다는 사실을 알게 되었을 뿐만 아니라, 이로 인해 서양의 사유에 대한 또 다른 도전을 수용하기 시작했기 때문이다. 철학과 과학의 관계 전체에서 볼 때 그 주제가 방법적으로 이미 제시되어 있다. 다시 말해서 그리스의 시초에서 그랬듯이 뒤를 이은 근대가 보여준 귀결점도 다르지 않다. 왜냐하면 근대가 내린 정의는——그 기원과 시기 등의 모든 이론(異論)을 넘어서——일률적으로 과학학문과 방법의 새로운 개념을 가져오기 때문이다. 이러한 과학과 방법의 새로운 개념은 갈릴레이Galileo Galilei가 처음으로 일정 부분 실현했고, 또 데카르트René Descartes는 이 과학학문과 방법의 새로운 개념을 처음으로 철학적 근거로 만들었다. 그리고 17세기 이후에 우리는 오늘날 우리가 철학이라고 부르는 변화된 상황 안에 있게 되었다. 이전에는 한 번도 그런 일이 없었으나 이제는 철학이 과학을 마주하여 정당화할 필요가 있게 되었다. 그래서 헤겔과 셸링F. W. J. Schelling이 죽을 때까지 2세기 동안 철학은 과학에 대해서 이 같은 자기 옹호라는 형태로 철학 자신의 모습을 만들어나갔다.

최근 두 세기 동안에 이루어진 체계는 형이상학의 유산을 근대 과학의 정신과 화해시키려는 끈질긴 노력의 결과라 하겠다. 콩트Auguste Comte 이후 실증주의 시대가 시작되면서 철학의 과학적인 것은 여전히 학술적인 진지함만을 보여주었다. 그래서 철학과 과학은 서로 간의 치열한 논쟁의 소용돌이에서 벗어나 확고한 육지에서 구조를 받으려 했을 뿐만 아니라, 동시에 역사주의의 진흙탕 속으로 빠져들기도 했다. 또 때로는 인식론의 얕은 물가에 오르기도 했고 논리학이라는 육지 안에 있는 호수에서 표류하기도 했다.

철학과 과학의 관계를 규정하는 첫 번째 길은, 철학의 과학적인 것을 아주 진지하게 문제 삼았던 시대로 되돌아가는 것인데 바로 그 시대가 헤겔과 셸링의 시대이다. 이미 한 세기 반이 지나기는 했지만 헤겔과 셸링은 모든 앎의 통일을 다시 고찰하면서, 셸링은 독일 관념론을 물리학적 증명으로, 헤겔은 자연철학과 정신철학을 결부시켜 논리학의 이념 철학을 실재 철학으로 통일시켜갔다. 다시 말해 헤겔과 셸링의 체계적 시도는 "과학"을 새롭게 정당화하고 역으로 독일 관념론을 과학의 근거로 삼으려 했다.

19세기에 사변물리학의 시도는 철학에 비해 현장에 없는, 즉 알리바이Alibi로 사용되거나 오용되었다. 이러한 사변물리학의 시도를 문제 삼는 것은 그것을 새롭게 바꾸어놓기 위해서가 아니다. 앎의 통일과 통일에 대한 이성의 갈망은 오늘날까지도 생생하게 살아 있기는 하지만, 이제 비로소 알게 된 것은 과학은 〔늘〕 자기의식과 갈등 속에 있다는 것이다.

과학이 더 성실하게 이해되고 더 엄격하게 이해될수록 과학은 그러한 모든 통일의 약속과 타당성 요구라는 회의에 빠지게 된다. 왜 사변물리학의 시도가, 그리고 과학의 일률적 질서로의 시도가 철학에 의해서 학습된 과학의 체계로 좌절되어버렸는가를 통찰하는 일은 곧 과학의 위치와 한계를 예리하게 인식하는 것을 의미한다.

그런데 헤겔과 셸링은 그들 나름의 길을 갔다. 이들은 자신의 법칙을 통해서 근대 철학에 새로운 과제를 남기는 경험과학의 정당한 자율적 요구, 즉 방법적인 일에 대해 맹목적이지만은 않았다. 헤겔은 베를린에서 활동하던 절정기에《철학 백과사전*Enzyklopädie*》제2판 서문에서 철학과 경험과학의 관계에 대한 자신의 생각과, 거기에 어떠한 철학적 문제들이 있는가에 대해 몇 가지로 논한다. 이 책에서 헤겔은 지금 우리가 마주하는 우연성은 개념의 필연성으로부터 완전히 도출될 수 없음을 아주 단순하고도 풍요롭게 통찰한다. 우리가 태양계의 거대한 공간적 관계와 밤낮의 길이를 계산하고 월삭(月朔)의 지속성 등을 계산해서 얻는 등 더 확실한 예언의 극단적 경우까지도 여전히 오차의 여유 공간만 있는 것은 아니며(물론 아주 엄격한 관찰 방법으로 오차의 여유 공간이 소수점 이하로 내려간다 하더라도 역시 그렇다), 그보다 더 본질적인 것은 하늘 자체에서 예측된 하늘의 사건들에 나타나는 현상은 예측 가능하지 않다는 것이다. 이러한 자연 관찰은 기후 조건에 좌우되기 때문이다 —— 도대체 누가 이러한 일기 예보를 신뢰할 수 있는가?

그런데 이 같은 극단적 사례에서 중요한 것은, 우연과 필연의 사이에서 생기는 전반적 관계가 아니라 과학 자체의 문제이다. 헤겔은 일반 법칙의 필연성과 개개의 일들의 우연성 사이에는 어떤 기술(記述)적 동일성이 성립한다는 것을 확실히 밝힌다. 자연 법칙의 필연성은 개념의 필연성에 준해서 보면 그 자신이 하나의 우연적 필연성임을 알 수 있다. 이를테면 유기체가 살아 있다는 것은 신진대사의 과정을 유지하는 것이라고 하더라도 그것이 통찰 가능한 필연성이라고 결코 말할 수 없듯이, 자연 법칙의 필연성은 결코 통찰 가능한 필연성은 아니다. 자연 연구의 영역에서 수학적으로 정확한 합법칙성을 정식화하는 것은 단지 하나의 근사(近似)적 이념 eine approximatives Ideal일 뿐이다. 이것은 통일성, 단순성, 합리성, 아니 더 나아가 매우 세련된 막연한 규범적 생각이다. 다시 말해 법칙 언명은 세련된 것을 따르는 경험 자신의 소여(所與)이다.

사람과 관련된 영역은 점점 더 우연의 영역으로 빠져드는 것처럼 보인다. 역사적 회의주의는 역사적 필연성이나 역사적 이성을 신뢰하는 것보다 훨씬 더 경험에 의지한다. 왜냐하면 자연 법칙같이 각각의 독자적 존재 의미에 따라서 단지 현실에서 일어나는 것을 정리하는 데 그치는, 즉 역사의 경과에서 모든 규칙성을 단순히 끌어내어 합치하는 것만으로는 이성의 요구가 충족되었다고는 할 수 없기 때문이다 —— 이와는 별개로 헤겔의 세계사 철학은 이성 욕구의 좋은 예이다. 인간의 본질 안에 있으며 인간이 역사 안에서 인식하는 선험적apriori 사유는 자유의 사상이다. 동양에서는 단 한 사람만이 자유롭고, 고대에는 몇 사람만이 자유로우며, 기독교 세계에서는 모든 사람이 자유롭다[8]는 〔자유에 대한〕 동양과 고대와 기독교 세계에 대한 헤겔의 유명한 도식은 세계사를 이성적으로 보는 것으로, 세계사가 역사 안에 있는 모든 사실성을 구성할 수 있지는 않음을 의미한다. 현상의 영역에 우연이라고 부를 만한 여지는 여전히 무한하다. 그런데 우연은 모순요청Gegeninstanz이 아니고, 개념에 귀속되는 필연성의 의미를 반대로 확증하는 일이다. 헤겔이 기독교 세계의 원리로 기술하는 만인의 자유는 실은 어디에도 있지 않다는 사실, 부자유의 시대가 계속 반복해서 나타날 뿐만 아니라 절박한 세계 상황에서도 볼 수 있는 것처럼 사회적으로 부자유한 체계를 결코 피할 수는 없다는 사실을 말한다. 그러나 이러한 사실들이 세계사의 이성적 견해에 반하는 일은 결코 아니다. 이런 일들이 인간적 삶의 우연한 영역에 속한다 할지라도 그 원리를 반대하면 어떠한 것도 존립할 수 없다. 우리에게는 자유의 원리 그 이상의 고차원적인 또 다른 이성의 원리는 결코 존재하지 않는다. 헤겔의 생각도 그렇고 우리의 생각도 그러하다. 만인의 자유라는 원리보다도 더 고차적인 원리를 우리는 생각할 수 없다. 그렇기에 우리는 현실의 역사를 자유의 원리에 바탕을 두고 말할 수밖에 없다. 우리는 현실의 역사란 반복해서 혁신하는 결코 끝나지 않는 자유를 쟁취하는 투쟁의 역사로 이해한다.

물론 개념의 이성적 양상이 사실에 의해서 논박될 수 있다고 생각하는 것은 오해이다. 흔히 볼 수 있듯이 "사실은 그렇게 더 좋은 결과를 가져 오지는 않았다"라는 부정적인 이야기에 깊은 진실이 함축되어 있다. 이 명제는 경험과학 쪽으로 향하는 것과는 반대로, 헤겔이 베를린 시대에 쓴 서문에서 철학과 제 과학 사이에 벌어져 있는 여러 모순을 극복하기 위함이라고 말한 것과 같이, 과학의 요구와 이성의 개념에 바탕을 둔 논증이 일종의 타협에 의해 잘 화합된 것과 같은 "적절한 계몽mäßige Aufklärung"이란 실재하지 않다는 것이다. 그것은 "겉으로 본 행복한 상태"에 지나지 않다. 양자의 화합은 "전적으로 표면적인 것에 지나지 않다". 그럼에도 "철학은 자기 자신과 정신의 화해를 독려한다". 헤겔이 〔이를 통해〕 말하려는 것은 통일을 지향하는 이성의 욕구가 어떤 조건 아래 있든지 그것은 정당하다는 것이다. 그렇기에 이성의 요구는 철학에 의해서만 충족되는 것임에도 불구하고 〔과학은〕 자기 자신을 절대적으로 정립시킨다. 바로 여기에서 과학이 철학과 해소할 수 없는 모순에 빠져든다. 우리가 예로 드는 만인의 자유가 바로 그러하다. 만인의 자유가 전적으로 통용되는 원리이기는 하지만 그래도 언제나 새롭게 그것을 실현하려는 노력이 필요하다는 사실을 우리는 알지 못한다. 그런 역사를 알지 못하는 자는 필연과 우연의 변증법적 관계를 알지 못하며, 동시에 구체적 이성을 인식하는 철학의 요구를 알지 못한다.

그런데 헤겔이 상당히 생산적인 공헌을 한 역사학의 영역에서만이 아니라, 오늘날 자연 인식의 영역에서도 우리는 이를 같은 시선에서 볼 수 있다. 헤겔은 그가 살았던 시대에 학문의 정점에 서 있었던 사람이다. 우리가 헤겔과 셸링의 자연철학을 가벼이 여긴 것은 그들에 대한 정보 정황 때문이 아니라, 경험 인식과 사물을 보는 이성의 관점 사이의 본질적 차이성Andersartigkeit이 잘못되었기 때문이다. 이러한 잘못은 분명 헤겔과 셸링에게 원인이 있기는 하지만, 그들이 전제한 것들과 대립되는 것을gegen ihre eigenen Voraussetzungen 보지 못한 경험과학의 탓이 더 크다. 그 전제의 제약성을 알고 있는 경험 인식이라면Eine sich in ihrer Bedingtheit wissende Erfahrungserkenntnis 분명 그 제약을 전제로 한 경험 인식의 연구에 바탕을 두었을 것이다. 그리고 그는 모든 독단적 처리를 피해야 한다고 주장했을 터이다. 그러나 철학적인 것은 과학적 연구 작업으로부터 주어지는 것이 아니라, 과학 스스로 모든 철학적 보완과 사변적 독단화에서 벗어남과 동시에 철학을 근시적 간섭으로부터 지켜나가는 일임을 헤겔과 셸링은 이전보다 더 확실히 밝히고 있다. 이들은 그들 자신의 독단적 완성의 환상Vollendun-gswahn의 희생자가 아니라 오히려 과학의 독단주의의 희생자이다.

그 후 신칸트주의와 현상학은 똑같이 그들의 선험적 소여성으로 그때그때마다 여러 연구 영역의 근본 개념Grund-begriffe을 대상으로 삼기를 매번 새로이 요구하면서도, 그 연구가 근본 개념과 결합해 있는 독단적 연구임을 인정하지 않는다. 화학은 물리학에 생물학은 화학에 편입되고, 식물계와 동물계의 분류 전체는 이행과 이 이행의 연속성에 대한 관심에 굴복당하고 만다. 더욱이 논리학은 점점 더 근대 수학에 의해 비호된다. 나의 스승인 나토르프Paul Natorp는 헤겔이 일곱이라는 행성의 수[9]를 입증하려 한 것처럼 공간의 삼차원을 선험적이며 개념적으로 증명하려고 꾸준히 시도했다. 이러한 일은 이미 지나간 일이 되었지만 그 과제는 여전히 남아 있다. 언어를 통한 생활세계에 대한 이해는 과학의 인식 가능성으로는 완전히 해소될 수 없기 때문이다. 과학은 생명을 인위적으로 낳게 하기도 하고, 또는 사람이 죽을 때를 인위적으로 조정해 마음대로 생명을 연장시키기도 하지만 물질성과 살아 있는 생생함의 확고한 불연속성은 달라진 것이 없다. 실제로 살아 있는 삶과 죽음으로 향하는 쇠약함의 불연속성이 변화된 것은 아무것도 없다. 우리가 살아 있는 세계를 언어와 의사소통의 협의하에 명확하게 분별하는 것은 판에 박힌 단순한 차원의 문제Keine blosse Dimension des Konventionellen가 아니다. 소위 허위의식이라는 침전물의 단순한 차원Keine blosse Dimension der Niederschlag eines vielleicht falschen Bewusstseins이 결코 아니다. 분명하게 말할 수 있는 것은 지금 존재하는 것을 그대로 그려내는 것abbilden, 바로 그것을 통해 개별적으로 이의와 모순과 비판을 받아들일 수 있는 것, 그래서 전체적으로 보며 그에 따른 정당성을 확신하는 것이다. 이에 비해서 근대 과학이 성취한 것은 모든 존재자를 분석하고 알 수 있다 하는 것이다. 허나 근대 과학은 아주 특별한 영역에서만 확장하고 지배해갈 수 있다. 그리고 이러한 영역도 존재자가 존재자를 대상화하는 것을 반대하는 저항을 결코 극복할 수 없는 까닭에 한계를 가질 수밖에 없다.

그러므로 우리는 잘못 알아서는 안 되는 것이 있다. 과학은 언제나 반복해서 개념의 요구와 마주한다는 사실이며, 이러한 요구 앞에서 과학은 존재자가 존재자를 대상화하는 것을 단념――과학은 스스로 이러한 요구를――해야만 한다. 이러한 요구는 소크라테스가 《파이돈》에서 하는 말들Logoi, 다시 말해서 문답법dialektik을 토대로 이후 철학의 과제로서 확고히 구축된다. 헤겔은 이를 상속받은 사람이다. 헤겔 역시 언어가 이끄는 이러한 길을 따른다. 즉 "이행하는 의식의 언어Die Sprache des übertätigen Bewußtseins"는 이미 범주에 의해서 관통되고, 이 범주를 개념으로까지 인도하는 것이 철학적 과제[10]라며 헤겔은 사물들과 관련하여 다음과 같이 이야기한다. 과학이 일상적 의식의 언어로는 이제 더 이상 번역될 수 없는 독자적 기호 체계와 기호론적 서술 형식을 개발하며 언어로부터 해방되었기 때문에 이제 우리는 더 이상 과학을 사물과 연관시켜서는 안 되지 않는가 하는 문제에 직면해 있다. 우리는 언어와 말이 없어도 〔기호와 서술 형식이〕 사물에 적합하기만 하면 이성의 확언die Affirmation der Vernunft도 필요로 하지 않은 채 미래로 향하는 것은 아닌가? 그렇다면 오늘날 과학이 삶에 관여할 때 일반적으로 이해되는 언어의 공통적인 사용을 통해서 다시 매개하는 것이 아니라 과학이 새로운 방식으로 스스로를 자동화하는 것처럼, 두 번째의 차원에서도 과학이 자동화되는 것이 아닌가 하는 의문이 생긴다. 아는 바와 같이 헤겔은 욕구를 사회와 국가의 기초로 보고 체계에 특별한 관심을 기울여 연구했으나, 이 체계를 인류 생활의 정신적 제 형식에 결정적으로 예속시키고 말았다.[11] 그러나 오늘날은 이와 반대로 체계가 인류를 점점 더 깊이 자기 소외로 내몰며 생산과 소비의 악순환에 〔인류를〕 매몰시켜간다. 이제 자연의 욕구는 더 이상 저절로 "되는 것gemacht"이 아니다. 우리는 자연의 욕구를 점점 더 이질적 관심의 산물로만 밝히려 할 뿐, 욕구 충족의 관심으로 밝히려

하지는 않는다.

〔우리는〕 다음과 같이 물어볼 수 있다. 자연적 직관에서 벗어날 것을 요구함으로써 20세기가 이루어놓은 과학의 탈독단화가 공적으로 평가받을 수 있는가 하는 것이다. 물론 그럴 수도 있겠지만 과학의 탈독단화는 인간의 표상 능력이 여러 가지 연구 영역에 이르는 너무나도 손쉬운 통로를 차단해버린 것 외에는 아무것도 한 일이 없다. 오히려 과학의 탈독단화는 독단적인 잘못된 길로 아주 적극적으로 걸어가기 시작했다. 이와 같이 과학의 독단적인 잘못된 나아감은 〔직관과 같은〕 손쉬운 길aus dieser Zugänglichkeit을 벗어나버렸고, 이 손쉬운 길에서 모순을 얼버무리고 만다die Üertünchung der Widerspruch고 헤겔은 말한다. 뉴턴의 물리학이라는 보다 확실한 기초에 바탕을 둔 헤겔과 셸링의 시대에 역학(力學) 모델은 제작, 즉 기술적으로 완성시키는 일과 오랫동안 친밀관계에 있었고, 동시에 자연을 손에 넣음으로써 인위적으로 고찰된 목적을 가능하게 했다. 이러한 일반적이며 기술적 시선은 〔바로 그 시대의〕 철학적 우월함과 일치한다. 그 철학적 우월함은 근대의 자기의식의 전개 안에서 확보되었다. 이 경우 우리는 언제나 독일 관념론에서 형성된 역사적 구성을 음미하지 않고 그저 수용해버리는 위험성의 경향이 있다. 우리는 근대 역학과 독일 관념론이 너무 조급하게 결론을 내린 것은 아닌지를 스스로 물어보아야 한다. 자의식이라

는 중심적 위치는 근본적으로 독일 관념론, 다시 말해서 모든 진리는 자기의식으로부터 구성된다는 요구에 의해 처음으로 확고해졌다. 데카르트가 사유하는 실체를 밝히고, 이 사유하는 실체가 확실히 우월한 존재임을 언명하면서 사유하는 실체는 가장 높은 원리로 확립되었다. 그러나 19세기에는 바로 이 점에서 그 근거가 흔들린다. 쇼펜하우어Arthur Schopenhauer와 니체Friedrich Nietzsche의 예견에 의해 영감을 얻은 자의식이 과학으로 스며들어 심리 분석학에 영향을 주는 과정에서 자기의식이라는 환상을 비판하게 되는데 이러한 비판은 비판 그 자체로 끝나는 것이 아니라 자의식의 관념론적 개념을 넘어서서 객관적 정신 세계를 자기의식의 변증법으로부터 진리의 더 높은 차원으로 이끌어가려 한다. 헤겔의 시도 역시 마르크스Karl Marx와 마르크스주의의 이념론이 걸어온 것과 같은 방향을 걸어왔음을 우리는 브인할 수 없다.

헤겔이 물리학의 측정 가능성의 개념과 연관 짓는 객관 개념이 새로운 이론물리학에 의해 더 근본적인 변화를 가져왔다는 사실에서 보면 더욱 그러하다. 통계학은 점점 더 삶 전체를 경제적이며 사회적인 영역에 예속시키며, 기계학과 원동기와 대조되는 새로운 모델로 사람들에게 인식되기 시작했다. 이 새로운 모델의 특성은 자동 조정되며 조작 가능한 것보다 살아 있는 것을 더 강렬하게, 그리고 규칙적인 순환

형태로 유기화(有機化)된 삶을 우리에게 생각도록 한다는 점이다.

그러나 이것은 잘못된 생각이다. 이러한 새로운 방법으로 자연과 사회를 지배하려는 표현을 형성하는 지배 의지는 잘못된 인식이다. 모든 메커니즘이 완전히 밝혀진 바로 그곳이 어디든 인간이 간여하는 것이 용인되는 그러한 직접성은 조종되고 균형을 잡아가며 유기화되어버리고, 더욱 매개된 형식으로 퇴화되고 만다. 바로 이것이 전체적인 내 견해이다. 왜냐하면 다음과 같은 염려스러운 점이 있기 때문이다. 즉, 역사적 관점에서 과학에 의한 공업 문명의 진보로 자연과 다른 사람들을 지배하려는 인간의 권력die Macht 자체가 권력을 행사하면서 자연과 다른 사람들이 자명성을 상실하고, 또 이것이 잘못 확대되어 남용의 결과를 낳는다는 점이다. 조직적으로 자행되고 있는 집단 살인 또는 단추 하나를 눌러서 파멸의 결과를 가져오는 전쟁 무기를 생각해보라. 모든 사회생활 형태가 점점 자동화되고 있고, 또 어쩔 수 없이 그런 결정을 내려야만 한다면, 이는 장기적 계획에 따라야 하고, 결정을 하는 데 있어 〔선택의〕 자유가 전제되어야 한다는 것을 실제로 우리는 생각할 수 있어야 한다. 아무도 원하지 않으면서도 불가피하게 권력을 관료의 손에 넘겨주어 비대해지는 행정 권력을 생각해보라. 점점 더 우리 삶의 영역은 자동화 과정을 강요받고, 이러한 정신적 객관화로 인간의 정신은 스스로 재인식할 기회조차도 잃어버리고 있다.

내가 보기에 근대의 자기 자신을 십자가에 못 박은 주관주의와는 다른 관점이 〔다시〕 의미를 얻는다. 다시 말해 근대의 자의식과 자의식의 과도한 요구로 삶의 무명화(無名化)로까지 몰고 간 주관주의와는 정반대 입장에서 낡은 계기들을 새롭게 전환하는 힘이 다시 지지를 받고 있다. 내가 보기에 이러한 점에서 헤겔은 하나의 새로운 활력을 보여준다. 헤겔은 단지 주관성의 사유에 기초해 주관성의 구조를 객관정신과 절대 정신의 형태로 확대시켜간 근대의 완성자가 아니라, 고대 이전의 그리스에 근원을 두고 있는 이성다움Von Vernünftigkeit의 의미를 새로이 정당화하려 했던 사람이다. 이성과 이성다움의 개념은 단지 자의식의 규정만은 아니다. 이 개념은 주관 또는 주관성의 개념이 전혀 전개되지 않은 그리스 철학에서도 매우 중요한 역할을 했다. 우리에게는 자신의 철학적 과학 체계의 마지막 구절로 주석을 달지 않은 채 아리스토텔레스 형이상학의 그리스 원문을 그대로 인용한 헤겔을 이해하려는 지속적인 과제가 남아 있다. 분명히 그것은 우리가 자의식이라는 개념으로밖에는 달리 풀이할 수 없는 문구이기는 하지만 최고의 자의식은 최고의 신적 존재자에 상응해야만 한다. 존재의 전체 구조에서 자기 자신을 사유하는 신의 자의식은 맨 위에 위치하지만 인간의 자기의식은 아주 소박한 위치에 자리한다.

그리스적 사유에서는 '가장 숭고한 것은 별들이다 τιμιώτατα τά άστρα'라는 확고부동한 척도에 의거하여 우주 안에서 인간의 위치를 가늠한다. 인간이 아니라 별이 존재자 가운데서 가장 숭고한 것으로 표현되고 있는 것이 낯설기는 하다. 이러한 표현은 헤겔도 지금 우리와 마찬가지로 결코 친근하지 않은 먼 이야기로 들었을 것이다. 바로 여기에 변증법적 현실성Aktualität이 은폐되어 있다. 자유로이 행해지는 변증법적 현실성은 나도 그렇듯이 헤겔은 물론 그리스의 선조에게도 새로운 의미를 부여한다. 그런데 헤겔은 철학을 파멸의 화해로 규정하는 것처럼 보인다. 이러한 규정은 철학을 어떤 정당한 진리나 이념적 비진리로 보는 것이 아니라 일종의 낭만주의적 예기Antizipation로 본다는 것을 의미한다. 헤겔에 따르면 대립자들의 화해와 통일에 의한 한 차원 높은 진리 형식이 자기의식과 현실의 분열에서 드러난다. 이것은 주관적인 것이 자신과 대립 설정되어 있는 고착적인 것인 대상적인 것에서 해방됨으로써 가능하다고 보았다. 이것이 헤겔 철학의 종말론적 파토스이다. 우리 주변의 것들은 물론 이것과 다르다. 이것은 무한히 앞으로 계속 전진하는 규정, 그리고 규정의 원인을 만들어 밀고 나가거나 또는 억지로 규정을 만들거나 그 규정을 자기 것으로 만들어버리는 악무한(惡無限)das Schlechte Unendeliche이다. 헤겔은 이러한 악무한을 이성 세계의 외면적 오성의 관점과 연결 지었고, 그리고 외면적 오성의 관점과 고착성을 다시 연결 지으며 외던적 오성의 관점으로 대상성을 고정화해나간다. 동시에 이 외적인 것은 자기 자신과 대립해가면서 외적인 것의 순수한 대상성을 정립한다. 그런데 헤겔은 이것을 넘어서 자기를 자기 안에 규정하는 존재의 참된 무한성을 이야기한다. 예를 들면 (이것은) 살아 있는 것의 참된 무한성이고, 자기의식의 참된 무한성이며, 참된 무한성의 자유를 의식에로 해방하는 인류의 참된 무한성이다. 〔달리 말해〕 자기를 예술로, 종교로, 그리고 철학 자신으로 통찰하는 정신의 참된 무한성이다. 이때 사람은 시간과 시간 균열의 피안에서 단번에 새로운 영역을 열어 보인다.

헤겔은 그리스의 이성다움을 근대 자의식과 하나로 결합하며 새로운 통일을 시도했다. 이러한 그리스의 이성다움을 더 이상 근대의 선-형상Vorgestalt이라 여기지 않는다면 그것은 전혀 다른 의미가 된다. 그리스의 이성다움은 세계 관조에 몰두하는 가장 높은 세계의 신에게서만, 〔그리고〕 자기 자신과 관계가 있는 불가사의한 자기 망각으로만 나타나지 않는다. 그리스의 이성다움은 우리가 처한 악무한을 넘어서, 가능한 미래의 모습과 있음직한 우리 본래의 삶과 생존의 모습으로 드러난다. 그리스의 이성다움은 더 이상 사고를 통일하는 체계 구축물이기만 하지 않다. 이성다움은 모순되어 나타나며 한없는 체계를 구축하는 건축가의 열정은 더 이상 이성의 이상으로 여겨지지 않는다. 수수께끼 같은 방식으로 통일을 구하는 이성의 욕망은 사실 그 연구가 지속되는 과정에서 항상 다시 실망하게 된다. 이 놀라운 방식에서 배우는 것은 개별성이 다수에서 정당성을 찾고, 이 다수의 특수성의 형태는 각각 독립적인 여러 체계의 분립적 구조를 가진다는 것이다. 내가 보기에 체계적인 구조 대신에 체계 이론이 나왔다는 사실은 상징의 범위를 〔크게〕 벗어나지는 않다.

이론이라는 말의 의미가 얼마나 변화하고 있는가! 이러한 변화 안에 무엇이 있는가! 이론을 뜻하는 단어 theoria는 그리스어이다. 인간이 빈약하게 유한한 그릇을 가지고 있음에도 우주를 순수하게 직관할 수 있다는 사실은 우주 안에서의 유약하고 종속적인 인간의 고유한 모습을 보여준다. 그러나 그리스적 관점에서 관조하는 일theorien을 "구조하는 것aufzustellen"은 불가능했을 것이다. 구조하는 일은 마치 우리가 관조하는 일을 "만들어내는 것"처럼 들린다. 그 관조theorien라는 말은, 자기의식으로부터 생각해낸 이론과의 관계처럼, 지금 있는 것을 편견 없이 인식하게 하는 존재자와 거리를 두는 일을 뜻하는 것은 아니다. 그렇다고 이 말이 어떤 익명적 지배 아래 존재자를 예속시켜 존재자와 거리를 두는 일을 뜻하는 것도 아니다. 관조하는 일의 태고적 의미는 신들을 숭상하기 위한 제례 집전에 참여하는 일이다. 신적으로 나타나는 것을 관조하는 일은 어떤 일에 참여하는 일 없이 결정을 내리거나 어떤 화려한 광경을 관찰하는 것이 아니라, 현실적으로 그것과 함께하는 것으로 일어나는 일에 순수하게 참여하는 것이다. 이와 같은 하나 됨이 존재의 이성다움die Vernünftigkeit des Seins이며, 그리스 철학의 위대한 전제Hypothese이다. 이것은 제일 먼저 인간의 자의식이 아니라 존재 자신을 밝히는 일이다. 존재는 전체이기에 전체로서 나타난다. 현실적으로 함께 하나로 같이하는 것은 인간 이성에 의해 이성다움의 한 부분보다 훨씬 먼저 사유될 수 있는 것이지 전체적인 것과 마주한 후에 알게 되는, 즉 자기의식으로 사유될 수 있는 것이 아니다. 서로 다른 길이 동시에 이루어지는 것이다. 이 길에서 인간적 숙고가 자기 자신에게로 깊이 침잠하여 자기를 구한다. 아우구스티누스가 말하는 내면으로 향하는 길만이 아니라, 외적인 것에 전적으로 봉사하는 길에서 자기 자신을 추구하는 자 역시 현실적으로 함께하는 일과 하나가 되는 길을 찾는 것이다. 헤겔이 위대한 것은 그가 그리스인이 걸어왔던 길을 근대적인 자기 성찰의 길에 반하는 잘못된 길로 여기지 않고, 존재 자신의 하나의 측면으로 생각했다는 데 있다. 헤겔 논리학의 위대한 업적은 대립으로 설정된 것을 모으고 그 대립으로 설정된 바로 그 근거를 논리적 차원에서 인식했다는 것이다. 헤겔이 그것을 정신nus이라 부르든 또는 신Gott이라 부르든 그것은 완전히 외적인 것과 똑같이 기독교인의 신비 속에 침잠하는 내적인 최후의 것이다.

이제 우리는 우리의 숙고의 마지막 끝에 서있다. 과학과 철학의 관계는 셸링과 함께 헤겔이 문제 삼았던 변증법적 관계로 드러난다. 철학은 과학으로부터 의미가 도출되지 않는다. 그러한 철학은 과학에 의해 제한된 철학이다. 지속적인 변화 안에 있는 것을 독단적으로 고정시킨다는 측면에서 사변적 한계를 넘어서는 철학은 철학과 과학의 관계를 적절하게 밝히지 못한다. 완전히 대립적인 관계를 긍정적으로 사유하는 방법을 우리는 배워야만 한다. 〔그 관계의 완전한 대립성을〕 "적당한 계몽"으로 약화시켜서도 안 되며 "호도"해서도 안 된다. 이러한 잘못 때문에 철학을 예술과 같이 위치시키거나, 예술의 모든 특권을 철학의 몫으로 나누어 공유하도록 강요하거나 예술의 특권과 결합해서 예술의 모든 위험성까지 철학이 나누어 공유하도록 강요하는 것은 모두를 현혹시키는 일이다. 〔그보다는〕 개념을 지속적으로 받아들이는 노력이 더 중요하다. 오늘 우리에게 체계적 통일성을 요구한다면 관념론 시대보다 문제를 더 잘 해결할 수 있을 것 같지는 않다. 그도 그럴 것이 예술에서 표현은 예술 작품의 풍요로, 그리고 우리 앞에 전개된 매혹적인 다양성과 그 내적 친밀성으로 이끌기에 그러하다. 때문에 자기의식의 원리도, 궁극적인 통일성을 주는 다른 어떤 원리도, 그리고 자기를 근거 짓는 그 어떤 것도 철학 체계를 구성하리라는 기대는 갖지 않지만, 통일을 향한 이성의 욕구는 불가피하게 여전히 남아 있다. 어디에서든 우리를 볼 수 있는 백의 눈을 가진 아르고스[12] 앞에서까지도 이 욕구는 침묵하지 않는다고 헤겔은 수사적 표현으로 예술 작품에 대해 기술하고 있다. 그 관점에서 인간 자명성의 문제는 언제나 자기 자신의 문제로 남는다. 인간 자명성이란 인간이 경험하는 그 어떤 것에서도 함께하는 것으로 이는 거부할 수 없는 문제이다. 예술의 경험 안에서도 인간의 자명성은 확실히 거부되지 않는다. 우리가 자기 이해의 과정 안에서 자기 자신과 하나가 되듯이, 예술이 예술의 진리 안에서 지각될 때 예술은 더 이상 예술의 표현이 아닌 철학의 문제가 된다. 예술에서도 인식의 통일성을 항상 되풀이 표현하는 것은 이성의 동일한 요구 때문이다. 뿐만 아니라 세계를 섭렵하는 모든 통로를 완전히 밝히고 세계의 모든 발걸음을 검증하고자 하는 과학이 우리에게 주는 것 역시 다 철학에 속한다. 중요한 것은 어떤 견해를 받아들이거나 모든 견해를 받아들이는 등의 철학적 이성관은 우리의 전통 유산이다. 전통 유산이라 할 수 있는 그 철학적 견해를 우리는 모두 흘려버릴 수 없다. 이성의 통일 욕구란 바로 이러한 것이다.

우리 시대를 규정하는 과학의 전형은 성급하게 통일에 대한 욕구를 쫓는 철학의 유혹으로부터 우리를 보호해야 한다. 우리 때문에 너무나도 심하게 변화된 세계가 점점 더 낯설어 보인다. 그로 인해 우리의 모든 세계 경험은 끝을 모르고 진행되는 자기구축Einhausung —— 헤겔의 말을 빌리면 —— 을 보여준다. 때문에 자기구축하듯이 철학적 변명을 요구하는 것도 무한한 과정이다. 이 무한한 과정 안에서 실현되는 것은 각각의 사람들이 사유하면서 자기 자신하고만 대화하는 것이 아니라, 우리 모두가 함께 그침 없이 파악하며 살아가는 것이다 —— 철학이 죽었다고 하든 아니든 간에.

2

헤겔 철학과 오늘날까지의 영향[13]

여러분과 대학 강의를 통해 정기적으로 만나지 못한 내가 전문 교육을 받고 직업에 조예가 깊은 분들의 모임에서 대학 교수로 강연을 한다는 것은 흥미로운 일이기도 하면서 또 모험이기도 하다. 나는 여러분에게 한 사색가에게로 가는 통로를 열어 보이고 싶다. 이러한 작업을 통해서 여러분은 아주 독특하고도 매우 특이한 방식으로 〔우리 앞에 있는〕 문제를 풀어나갈 수 있게 될 것이다. 헤겔의 저서를 읽고 약간의 노력으로 그가 제시한 문장의 문맥을 완벽하게 추적하여 올바로 이해할 수 있는 사람이란 현재 존재하지 않는다는 것이 결코 과장된 말은 아닐 것이다. 헤겔이 괴테Johann Wolfgang von Goethe를 방문했을 때 있었던 유명한 일화가 있다. 평소 과장된 우월감으로 대화를 끌어가는 것이 습관화된 괴테가 〔그날은〕 식탁에서 이상하게도 아주 조용했다. 오히려 손님인 헤겔이 눈에 띄게 말을 많이 했다. 헤겔은 아주 독특하고 미묘한 슈바빙 지방의 사투리로 말했다. 이대 식탁에

같이 앉아 있었던 괴테의 며느리가 손님이 간 후에 "참 기이한 손님이기도 하네요"라고 말하자, 괴테가 "그가 바로 독일에서 제일가는 베를린 출신 철학 교수 헤겔이다"라고 대답했다. 이러한 광경은 먼저 헤겔이 괴테 시대 사람이라는 것, 그리고 두 사람을 같은 차원에서 비교할 수는 없지만 둘 다 후세에 깊이 각인된 사람임을 상기시킨다. 괴테는 19세기 시민사회의 상징이라고 해도 합당한 사람이다. 세상 사람들이 괴테라는 정신적 군주 때문에 바이마르 궁정에 순례를 오는 것을 관례로 삼을 만큼 괴테는 바이마르 궁정의 군주로서의 재능과 탁월한 인격을 갖춘 사람이었다. 이와 달리 보기 드문 거친 슈바빙 말을 쓰는 베를린 출신 교수는 그는 그의 저서에서도 알 수 있듯이 아주 고답적으로 가장 추상적인 사상을 이끌었던 19세기 가장 영향력 있는 철학 교수였다 ── 그 누구보다도 위대한 사상가의 모습을 한 그는 참된 경륜으로 인하여 학파 간에 논쟁을 불러일으켰다. 그 때문에 헤겔과 결별하기도 한 학자들도 있다. 세계적인 지배자가 죽으면 그러하듯이 헤겔 사후 정신적인 후계자 쟁탈전이 벌어졌다. 이들은 헤겔 "우파"와 "좌파"로 나뉘어져서 서로 헤겔 철학의 참된 내용을 자신들이 이어받았다고 다투었다. 괴테는 헤겔과 동시대 사람들 중에 가장 전체적인(가장 보편적인universalste) 정신[14]을 소유한 사람임이 분명했다. 그렇지만 괴테도 헤겔〔의 책〕을 실제로 읽기가 가능하지는 않았다. 이를 증명해 보이는 적절한 문헌이 있다. 헤겔이 괴테에게 보낸 그의 책《정신현상학*Phenomenologie des Geistes*》첫 장의 첫 문장부터 괴테는 불쾌감을 느꼈다. 괴테는 이 책을 다 읽어보려 했지만 첫 장을 넘기지는 못했다. 괴테는 "꽃봉오리는 꽃이 피어나면 사라져버린다. 그러한 면에서 꽃봉오리는 꽃과는 반대된다고 할 수 있으리라"라는 구절에서 헤겔이 자신과는 전혀 다른 말을 하고 있다고 생각하여 아주 흥분했다. 괴테는 지구와 인간의 역사에서 혁명적이며 파괴적인 모든 이론에 반대했다. 괴테가 파괴적인 모든 이론을 아주 분명한 어조로 강하게 적대시하고, 인간이 정신적으로 취할 올바른 태도의 규범으로 사물의 유기적 생장의 비밀을 삼았다는 것은 누구나 다 아는 일이다. 그래서 괴테는 헤겔의《정신현상학》에 식상함을 느꼈다. 괴테가 흥분했던 이 구절을 자세히 읽어본다면 우리는 괴테가 이 책의 첫 장을 더 이상 넘기지 않았다는 사실을 분명하게 알 수 있다. 괴테가 말하고자 하는 모든 의미가 담긴 그 구절이 바로 다음에 나오는 "그러나"로 시작하는 문장에서 헤겔이 "유기적 통일성organische Einheit"으로 정당화하고 있기 때문이다. 괴테와 헤겔이 가졌던 내적 유사성을 괴테 자신은 전혀 인식하지 못했다. 그럼에도 괴테는 헤겔에 대하여 언제나 좋은 선입견을 가졌다. 그뿐 아니라 헤겔도 뉴턴의 광학에 대한 논쟁에서 괴테의 변호자로 괴테 색채론의 신봉자가 되었다. 알다시피 괴테는 스스로 위대한 시인이라고 여기지 않았다. 그는 무엇보다도 위대한 자연과학자였다. 그는 참된 자연 관찰 방식으로, 특히 빛의 자연 관찰 방식으로 뉴턴과는 다른 물리학을 정당화했다. 헤겔과 셸링과 쇼펜하우어는 괴테의 색채론에 대하여 공감하고 있었다. 괴테의 색채론에 대한 공감은 분명 사태 그 자체에 비중을 둔 데 따른다. 이들은 괴테 자신이 물리학자로서 가진 숭고한 감정은 당연한 일이라 여겼다. 괴테와 뉴턴 간의 논쟁이 보여준 것은 현상이 가장 중요한 의미를 가진다는 것이다. 현상은 근대 자연과학이 실제로 변화하는 사실로 이 세계에 등장한다는 것과 수학적 추상성 없이 자연 관찰과 자연 경험으로 만들어낸 모든 "과학"의 전통적 형태는 끝났다는 것을 보여준다. 근대 경험과학은 17세기에 갈릴레이와 호이헨스Christiaan Huygens의 역학 안에서 근대 경험과학의 첫 토대를 발견했고, 이를 점점 더 발전시켜 모든 지식의 영역을 자신의 새로운 방법론으로 이끌었다——이것이 오늘날 우리가 처한 시간이다. 근대 경험과학은 과학적으로 조정을 요구하면서 사회적 현실마저도 정복하고 자신의 지휘권을 장악하려 했다. 근본적으로 모든 과학의 여왕regina scientiarum이며, 모든 지식의 총체이며, 모든 가능한 인간 인식의 포괄적 방향잡이이고자 하는 철학의 자명한 요구는 이미 17세기에 불가능하게 되었다. 헤겔은 인간의 가능한 모든 지식의 틀잡이로서, 그리고 그 지식을 포괄하는 전체로서 철학의 도도한 요구를 자기 사유 안에서 옹호하려고 한 마지막 사람이다. 헤겔이 베를린 대학 교수로 있던 때까지만 해도 이 같은 세계사적 현실이 시도되었지만, 헤겔 사후에는 철학 교수라는 전문적 학파들만 생겨났을 뿐 이 같은 세계사적 현실은 더 이상 야기되지 않았다.

헤겔은 위대한 철학적 사상 체계로 자연과 역사, 자연과 사회의 궁극적 종합을 시도한다. 물론 이러한 철학적 사상 체계는 가장 오래된 요구, 즉 그리스〔철학〕의 요구인 존재의 "로고스"라는 사유의 정점이었기에 이후 아주 빠르게 대중성을 상실한다. 헤겔의 영향작용사적Wirkungsgeschichte 특징을 보여주는 것은 루돌프 하임Rudolf Heym이 헤겔이 죽은 지 약 20년이 지난 19세기 중엽인 1854년에 헤겔 철학에 대한 매우 주목할 만한 논쟁, 즉 헤겔 철학의 급속한 붕괴를 반성하며 책을 펴냈다는 사실이다. 하임은 다소 경멸적이고 상업적인 어조로 상업적 물질주의에 입각해서 글을 썼다. 역사적 논평을 분별할 수 있는 사람이라면 누구나 이글이 18세기 중엽 독일의 산업 발전 초기의 현상임을 알 수 있다. 하임은 "영업 지점이 부진하다는 이유로 위대한 사업 전체가 그처럼 빨리 붕괴해버렸다"라고 쓰고 있다. 하임이 말하려는 것은 헤겔이 말하는 정신의 세계 지배의 붕괴는 단지 철학의 한 부분이 파산한 데 지나지 않음에도 철학 전체가 도산해버리고 말았다는 사실이다. 헤겔 이후로 이런 사상가가 더 이상

나오지 않았다는 사실이다 —— 이는 아마도 다음과 같은 의미일 것이다. 하이데거 이전까지 사상가는 없었다고. 우리가 담장 안에서intra muros만 하이데거의 소리를 알아들을 수 있고 대학 안에서만 그의 소리를 들을 수 있지만 아직도 모든 사람의 의식을 대변하고 있는 사색가는 하이데거이다. 물론 쇼펜하우어, 니체 그리고 키르케고르Søren Aabye Kierkeggaard 같은 위대한 저술가가 있기는 하지만, 대학에서 강의하는 철학 교수로서 현실적이고 일반적 의식에 도달한 철학 교수는 이제까지 없었다. 만일 오늘날 전공자를 위해서 글을 쓰지 않고 일반 대중이 읽는 소설을 쓰는 귄터 그라스Günter Grass 같은 작가가 하이데거의 사유 또한 소설이라 한다면 하이데거의 목소리가 강의실을 넘어 밖으로 나왔다는 점에서 기록적인 일이라 할 것이다.

헤겔 철학이 그렇게 빨리 붕괴한 이유가 무엇인지를 묻는다면 그 대답은 간단하다. 모든 학문 영역에 근대적인 연구가 증가하면서 최후의 사상가적 인물이라 할 수 있는 헤겔이 강조하고 변호했던 자연에 관한 학문까지도 불신당했기 때문이다. 즉 헤겔이 선험적 사상 체계임을 미리 밝히고 그 선험 체계를 하나의 관계로 만들어놓으려는 요구가 불신당했기 때문이다. 〔다시 말해〕 헤겔이 이성의 선험주의로 후견 노릇을 하는 데 대해서 저항을 받고 경험과학의 비웃음을 샀던 것이다. 〔그러나〕 그러한 시대와 동떨어져 있는 우리는 헤겔

이후 시대를 주도한 세력을 달리 생각하게 되면서 모든 영역에서 헤겔에 대해 긍정적 영향을 재인식하기에 이르렀다. 이러한 사실은 신칸트학파가 절정을 이룬 당대 철학은 물론 자연과학의 근본 개념에 있어서도 마찬가지였지만 우리는 그들 철학 안에 헤겔이 얼마나 더 지속적으로 살아 있는지를 의식하지 못했다. 특히 베를린을 중심으로 하는 역사 비평 연구 운동인 소위 역사학파는 헤겔의 사변적 역사철학의 반동에서 나온 것임에도 불구하고 이 역사 비평 연구 운동인 역사학파가 이념 철학, 특히 그중에서도 헤겔 이념에 얼마나 전도되어왔는지를 알지 못했다. 그것을 인식하게 된 것은 진실로 오늘에 이르러서이다.

주목할 만한 사실은 바로 이 기이한 슈바빙 사람이 대학생들에게 인기가 있었는데도 그 대중성이 외적인 수단에 의해서 확인된 것이 아니라, 오로지 일반적 경험에 의해 대학 교수의 영향력이 확인되었다는 점이다. 이 일반적 경험은 수사학적이거나 형식적 재능이 아니다. 나 자신도 말을 더듬는 사람에게 과학사 영역의 대부분을 배웠는데 두 시간이 지나면 이후에는 더 이상 그가 말 더듬는 것을 의식하지 못했다. 베를린 대학의 학생들은 헤겔이 말할 때 그가 슈바빙 사투리를 쓰고 있다는 사실을 전혀 의식하지 못했다. 그들은 그의 말이 곧 독일어라고 생각했었다.

19세기 후반 과학적 자기의식은 헤겔에게 등을 돌리면

서 형성되었다. 그 골이 너무 깊어서 국제적인 지식 세계에서 헤겔은 괴상한 사람으로 치부되었다. 특히 영·미 지역 사람들에게 그러했다. 오늘날에야 비로소 그들 지역에서도 반향이 일어나기 시작하여 지금은 영국과 미국에도 헤겔협회가 있다. 이 헤겔협회는 우리의 앎과 세계 감정을 철학적 천재의 자질로 축약할 수 있었던 최후의 사상가를 다시 주목한다. 그러나 전체적으로는 다음과 같이 말해야 할 것이다. 오늘날도 헤겔을 과학의 시선으로, 다시 말해 과학의 진보에 의해 인간의 모든 문제가 원칙적으로 해결 가능하다고 믿는 사람들의 눈으로 본다면 여전히 회의가 남는다. 그럼에도 불구하고 늘 되풀이하여 "자생적인natürliche" 헤겔주의자들이 있다. 이탈리아에는 잘 알려진 크로체Benedetto Croce와 젠틸레Giovanni Gentile 그리고 스파벤타Betrando Spaventa라는 후기 헤겔주의자가 있다. 네덜란드에는 볼란드Bolland라는 이름과 관련된 볼란주의자라고 불리는 헤겔학파가 있다. 이 학파는 자유사상을 제창하는 자유주의자로 구성된 그룹으로 오늘날에도 현존한다. 영국에는 1900년경에 옥스퍼드와 케임브리지에서 헤겔주의가 확산되었다. 그러나 이러한 흔적은 불과 칼로 그동안 모두 전멸되었다. 독일에서는 항상 되풀이하여 헤겔주의자들이 나왔다. 독일에서 헤겔 철학 연구는 자생적 헤겔주의자를 통해 여전히 반복 육성되었다. 1910년에 서남 신칸트학파의 대표자인 빈델반트Wilhelm Windelwand는 하이델베르크 과학 아카데미에서 신헤겔주의를 강연했다. 여기서 빈델반트는 당시 유행하던 신칸트 철학 안에 있으면서도 헤겔을 방패로 삼아 신칸트 철학을 넘어서려 했던 학생들과 제자들의 대변자가 되었다. 이들 중에 오늘날 고전 칸트주의자이면서도 동시에 격렬한 헤겔 반대파로 알려진 에빙하우스Julius Ebbinghaus도 있다. 그러나 이름이 알려진 대다수 많은 사람들, 이를테면 블로흐Ernst Bloch, 루카치Georg Lukács, 스테푼Fedor Stepun, 크로너Richard Kroner, 호프만Ernst Hoffmann 같은 젊은 학자들 대다수는 당시에 헤겔에게 큰 기대를 품은 이들의 그룹에 속한다. 우리 시대에는 더 이상 이와 유사한 것을 주장하려는 사람은 없다. 나 자신도 헤겔 철학 연구를 과제로 삼는 협회 창시자로 협회를 이끌어가게 된 것은 헤겔을 배우고자 하는 의도에서였고, 좀 더 철저하게 사유의 힘을 단련하려는 의도에서였을 뿐, 나는 헤겔 철학의 전망을 혁신하려는 것까지는 전혀 생각하지 않았다 —— 만일 헤겔을 말하는 사람들이 마르크스를 염두에 두고 있다면 이는 그들에게도 해당되는 말일 것이다. 헤겔에게 배워야 할 것이 있다면 그것은 헤겔주의를 각각의 학파로 각인시키지 않고 살아 있는 물음의 총체로 문제 삼는 것이다. 이 문제를 나는 세 가지 면에서 음미해보려 한다. 첫째는 신앙과 앎이라는 종교적 문제, 두 번째는 객관 정신 또는 역사적 문제, 세 번째는 개념에 있어서의 자연과 역사의 통일 문제이다.

종교적 문제는 헤겔 해석에서 앞서 언급한 학파의 분열이 본질적으로 바로 이러한 신앙과 앎의 문제로 돌아간다고 볼 때, 순서로 보아 첫 번째 문제에 해당된다. 헤겔 우파와 헤겔 좌파는 처음부터 신학적 차이를 보인다. 즉 헤겔이 철학적 사고로 기독교의 진리까지도 파악할 것을 요구하며 신앙을 앎의 문제로 옮겨놓고자 했다면, 이것이 옳은 것인지 아닌지를 물어보아야 했기 때문이다. 또 개인적으로 기독교 귀의를 전혀 해치지 않고 그것에 대해 아무런 논쟁도 벌이지 않았는데 헤겔이 정말 기독교 진리를 날조했고 정말 그것을 해체했느냐 하는 질문도 할 수 있기 때문일 것이다. 기독교는 하나의 교리를 요구한다――종교의 본질에 속하는 참된 가르침이 계속해서 이단의 의심에 휩싸여 있기에 헤겔은 종교의 진리를 철학적 개념의 형식으로 요구했던 것이다. 이로 인해 헤겔은 교회로부터, 그리고 신학적 반동에 의해서 아주 맹렬한 공격을 받았다. 헤겔은 〔그러한 면에서〕 정신적 이단의 계열에 속하나, 이 이교도 계열이 요하힘 다 피오리Joachim Da Fiori 이후에는 기독교 교회 대부분을 이끌어간다. 여기에서 세 번째 자리인 성령의 교리가 아주 강조된다. 하나님이 사람의 몸을 입은 성육신으로서 끊임없이 현재에 존재하는 성령이 강림하는 것이다. 어디에서든 다시 부활하는 근본적 사건, 바로 이것이 성령 강림의 기적이다. 이 성령은 바로 그리스도를 통해서 이 세계, 성자의 공동체로 오고, 다시 말하자면 성령 안에서 공동체로 살아가며 지속하는 것이다. 이 세 번째 조항이—— 우리가 이러한 것을 헤겔에서 찾아볼 수 있듯이——정신적 이단의 형태를 점점 더 강조하면서, 예수가 십자가에 못 박히는 하나님의 죽음과 그의 부활은 단지 정신을 꾸준히 새로이 바꾸어가는 힘의 상징으로 작용한다. 멸망한 것이 새로 부활하여 살아나는 것이다. 바로 이것이 정신적 운동이다. 이 운동을 통해서 정신은 인간 안에서 완전히 부활로 거듭나고, 이러한 변화는 인간의 전적인 정신화로, 그리고 사유의 자기 투철화로 절정에 이른다. 종교가 아직도 표상의 형식으로 교리를 말하고, 이를테면 십자가에 달린 희생의 죽음을 하나의 사건으로 말하고, 하나님의 은혜로운 행위로 해석한다면, 철학적 사고는 이 표상의 진리를 개념으로 높인다. 사실상 헤겔은 신앙과 앎을 화해시켰다고 믿었고, 또 그러하기를 요구했다. 헤겔은 어떠한 신앙인의 표상 방식도 자기 자신을 개념으로 운동하는 사유[15]와 나란히 놓는 일은 결코 가능하지 않고 정당하지 못하다고 생각하지 않았다. 헤겔이 어떠한 예술도 이제는 더 이상 존재하지 않는다고——예술이 과거 성격을 가진다는 그 유명한 이론——말했다고 해서 그가 그렇게 생각한 것은 아니다. 만일 헤겔이 말하기를 "더 이상 예술은 진리의 가장 높은 형태가 아니다"라고 말한다면, 그의 생각은 그리스의 조각에서 숭배를 받는 신적인 것과 눈으로 볼 수 있는 예술 작품의 사이에 자명한 일치성als selbständliche Übereinstimmung으로 현존하는 기독교와 헤겔의 신적인 것의 내적 현실성의 이론은 더 이상 부합하는 것은 아니라는 말이다. 〔헤겔에 의하면〕 예술 종교의 형태는 이제 끝났다는 것이다. 다시 말하면 사물의 보다 높은 형식〔인 예술로서의 종교시대〕은 끝난 것이다. 표상의 형식이든 기독교의 신앙 표상의 형식이든 고대 세계의 아름다운 신상들을 대신해 나타나든 이제 그 모든 형식은 끝난 것이다. 종교 형식이 신앙과 앎 사이에서 순수한 화해를 한다는 헤겔의 주장과 어떠한 관계가 있는가를 다루는 것은 신학의 문제이다. 그러나 어떠한 경우에도 진지하게 문제 삼아야 할 한 가지는 종교가, 그리고 바로 기독교까지도, 자신을 잃지 않고는 인간의 정신적 사유의 자유와 대립해갈 수는 없다는 것이다. 그리하여 사유를 통해서 통찰을 얻는 인간의 모든 가능성은, 각기 기독교적 전승(傳承)과 생생하게 살아 있는 대결에 의해 주어지는 것이며, 반대로 기독교의 전승 역시 인간 사유의 가능성에 의해서 주어지는 것이다. 철학은 무한한 것의 사유라고 헤겔은 정의한다. 사실 이것은 ―― 내용적으로 보면 ―― 무한한 신이라는 표상과 그리고 세계 전체를 창조로 이해하고 하나님의 사랑이라는 신성한 행위로서 죽음의 극복을 믿는 종교와도 완전히 일치한다.

헤겔 철학의 기독교성에 대한 논쟁이 반복해서 일어나는 까닭이 바로 여기에 있다. 최근에는 헤겔의 기독교성을 새롭게 조명하면서 그의 기독교성을 지지하는 여러 깊이 있는 철학적 연구가 책으로 출간되었다. 바로 그것이 미카엘 토이니센Michael Theunissen의 《헤겔의 절대 정신론*Hegels Lehre vom absoluten Geist*》이다.

그런데 첫 번째 문제〔신앙과 지의 종교적 문제〕보다 더 영향력 있고 더 현실적이며 활동적인 문제가 두 번째 문제〔즉 객관 정신 또는 역사적 문제〕이다. 바로 이 두 번째 문제에서 헤겔은 철학적 사유가 없어서는 안 되는 이유를 아주 분명하게 밝힌다. 헤겔 철학이 소멸되기를 바라는 사람들까지도, 특히 사회학자들조차도 이 부분에서 철학으로부터 삶을 얻는다고 단언한다. 그것이 바로 헤겔의 객관적 정신론이다. 헤겔의 객관적 정신론의 정치적 배경은 청년기 저작의 편집으로 헤겔의 청년 시절의 역사가 철학의 일반의식으로 나타나면서 보다 확실해졌다. 동시대에 살았던 모든 사람들과 같이 헤겔도 자기 시대의 정치적 상황 그리고 종교적 상황과 정신 본래의 욕망 사이를 지배하는 소외 상황에 대해 고민했다. 독일 관념론의 사유와 아주 밀접한 관계가 있는 아주 큰 사건이 프랑스 혁명인데, 그는 프랑스 혁명을 통해서 납득되지도 〔서로〕 영향을 미치지도 못했던 체제 형식과 생활 형식을 새로운 자유의 열정에 의해Von einem neuen Freiheitspathos 극복할 수 있었다. 이러한 사실은 특히 요하임 리터Johaim Ritter가 밝힌 바와 같이 헤겔에게는 중요한 일이었다. 베를린 시대의 헤겔, 소위 프로이센 국가 철학자이며 반동의 변호자였던 헤겔이 친구들과 모인 자리에서—— 아마 가장 비참한 메테르니히 복고 정치Metternichscher Restaurationspolitik 시대 한가운데인 1823년 드레스덴 시에서 있었던—— 갑자기 술잔을 들고 "자네들은 오늘이 무슨 날인지 아는가?" 라고 말하면서 바스티유 감옥 습격을 축하하며 술을 들었다는 기록이 있다. 그만큼 프랑스 혁명은 시민의 자유이며 동시에 만인의 자유 이념이며 헤겔의 사유를 이끈 계기이다. 여기에는 헤겔의 객관 정신 철학이 바탕에 있다. 여러 가지 제도로 객관화된 정신 이론에서는 기존 여러 제도를 불변의 정의심으로 방어하는 것이 중요한 일이 아니다. 헤겔은 여러 제도를 단적으로〔절대적으로〕 옹호하지 않고, 개개인이 더 잘 알고 있는 지식을 변호한다. 헤겔은 자신을 엄습해오는 정신력을 중심으로 사회생활에서 도덕주의의 한계를 밝히고, 인간을 포괄하는 삶의 객관적 형식이 잘 나타나지 않는 순수한 내적인 도덕성은 유지될 수 없음을 주장한다. 헤겔은 〔인간이〕 정직하지 않음을 말하기 위해서 원래 가지고 있는 상극적 분열성이 어떤 것인지를 인간의 추상적 도덕주의와 결합해서 밝힌다. 다시 말해 정직하지 못한 변증법이 어떤 것인지를 인간의 추상적 도덕주의와 결합해서 밝혔던 것이다. 헤겔은 이러한 도덕철학이 도덕적 자기 확신을 고집하고 모든 외적인 조건의 자기 의무를 스스로 인식할 수 있다는 한에서 칸트의 도덕철학을 비판한다. 〔헤겔은 칸트가〕 자연적이며 사회적인 조건 그리고 특히 인륜과 교육의 체계 그리고 보수의 체계와 징벌의 체계는 전혀 관계가 없다고 보고, 〔오로지〕 실천적 이성이 가능하다고 고집하며, 실천 이성의 자율성에 근거한 인륜 법칙의 도덕적 요구를 강요하는 능력을 관철하고 옹호하면서 고려해야 할 다른 모든 것을 반대하고 있다고 지적한다. 다시 말해 헤겔은 칸트 철학이 내면적 도덕성의 맥락에서 국가와 사회적 현실성에 역행하는 도덕주의적 태도를 강조하는 그 자체만으로 아주 잘 짜여 있다고 비판하는 것이다.

헤겔의 객관 정신의 의미는 개개인의 의식이 아니라, 개인을 넘어서 공통적이고 서로 연결된 현실성이 국가와 사회 안에서 삶의 기초가 되게 하는 것이다. 헤겔은 아주 훌륭한 방식으로, 특히 "정신현상학" 안에서, 그리고 그 후 베를린에서 "법철학"을 기술하면서, 인간의 자기의식은 타자에 의해 자기 자신의 존재를 승인함으로써 안정적인 걸음을 내딛는다고 한다. 자기의식의 추상적 이념——칸트의 경우 그것은 통각의 초월론적 종합의 자아를 의미한다——은 독일 관념론에서 최종적으로는 데카르트의 "내가 생각하고 있다는 사실을 나는 생각한다cogito me cogitare"로까지 소급해 이를 철학의 근본 원리로 드높인다. 헤겔은 이 자기의식의 추상적 이념을 전개하는데, 사실 자아는 스스로 생성 과정 전체를 체험하는 것이기에 이 과정을 지나면서 자아는 단순한 자아성을 넘어서 정신의 객관성을 향해 이행한다고 한다. 〔이때〕 자아성의 가장 자아다운 형식을 헤겔은 감각적 욕망이라는 형식으로 이야기한다. 이것은 아주 고풍적인 냄새를 풍긴다. 그러나 여기에서 헤겔이 의도하는 것은 생생한 자기감정으로, 이는 감각적인 충족 안에서 자기 자신을 아는 방식이다. 사실은 이 감각적 충족이 삶의 기쁨으로부터 끓어오르는 자아 확증의 방식이다. 여기에서 내가 현재 있는 자기 자신과 만나는 것이다. 이를테면 배고픔을 느끼는 바로 나처럼 말이다. 그러나 다 아는 바와 같이 배고픔은 배가 부르면 다시 배고픔을 느낄 때까지 사라진다. 이러한 자기감정은 극히 불안정하다. 다른 사람에게 복종하고 다른 사람을 자기 것으로 만들어버리는 과정에서는 참된 자기감정이란 결코 있을 수 없다는 사실을 헤겔은 밝힌다. 나의 욕구를 좀 더 확실하게 충족시키기 위해 다른 사람을 노예로 만들고 그의 주인이 되는 방식으로는 순수한 자기감정을 결코 얻을 수 없다는 것이다. 그가 나에게 종속되었다고 해서 그것이 도대체 나에게 무슨 의미가 있는가? 노예인 다른 사람이 나를 노예의 주인으로 인정한다 해서 그것이 자기의식을 찾으려는 사람들에게 무슨 의미가 있는가? 이와 달리 다른 자기의식에 의해 인정받는 것은 전혀 다른 일이다. 이 다른 자기의식은 나의 자기의식에 현실적이며 구체적인 확증을 심어준다. 이 모든 것을 우리는 가장 넓은 의미로 인정Ehre라는 개념으로 바꾸어

쓰면 잘 알 수 있다. 헤겔은 여기에서 자기의식의 변증법을 보여준다. 이것은 바로 헤겔적인 변증법 사유를 가장 훌륭하게 보여준 사례 중에 하나이다. 우리는 이 사유의 변증법을 변증법의 구체적인 예 안에서 잘 알 수 있다. 인정은 상호적이어야 하며, 자기의식은 다른 자의식으로부터 스스로 확증을 얻는 경우에만 자기의식이라는 것, 그리고 다른 사람들도 그 사람에 대한 확증을 나로부터 찾는다는 사실이다. 이러한 사실을 우리는 모든 사람이 이미 체험한 아주 단순한 예에서 알 수 있다. 인정을 표하는 가장 외적인 형식의 하나는 어떤 사람에게 하는 인사이다. 인사를 할 때 다른 사람이 어떤 사람을 —— 우리가 어떤 사람을 잘못 알아보든 또는 타자가 그 사람을 알려고도 하지 않든 간에 —— 무관심하게 대하거나 무시해버리면 누구나 불쾌감을 느낀다. 인사를 했을 때 답례를 받지 못할 경우 누구나 순간적으로 감정이 상하는 경험이 있다. 인사를 하는 습관은 사회생활의 가장 외면적인 형태가 분명하다. 우리나라〔독일〕 젊은 세대는 교수를 교수라고 부르지 않는다. 마치 미국 사람처럼 어깨를 두드리는 것을 즐겨 한다. 이에 대해 반대 의견을 가질 필요도 없지만 또 대학 개혁에 본질적으로 기여하는 것도 아니라고 본다. 그러나 이러한 가장 피상적인 것으로부터 우리는 인간 공동생활의 본질을 밝힐 수 있다. 이를테면 법체계가 기능적으로 작용하는 데 필요한 연대성이 바로 그것이다. 사회가 위협을 받아 연대성이 흔들리고 그 결과 공통의 자명성을 얻는다 해도, 이미 법질서의 정당성에 대한 인정을 방어하지 못하면 얼마나 위험한 일에 처하게 되는지 그 실험적 증명을 우리는 우리가 살고 있는 이 비판적 시대에서 너무도 잘 알고 있다. 이를테면 세속화된 사회에서 증언 때문에 생겨나는 혐오스러운 시선을 생각해보라. 그러한 혐오스러운 시선 때문에 그전부터 증인이나 변호를 가능한 한 피하려는 현실을 생각해보자. 이러한 경우 법질서 그 자체는 여전히 사회적 현실의 외적 측면이다. 이러한 외적인 것보다 더 본질적인 공동생활의 현실성이 있다. 우정과 사랑으로 연결된 끈끈함은 상호 인정의 변증법에 의해서 개념적으로 기술될 수 있는 본질적인 공동성을 포함한다. 개체적 의식인 주관 정신을 극복하고 그것을 넘어서는 하나의 뿌리를 통해 가족과 사회 그리고 국가에 공동 의식의 방향에서 사상적인 설득력을 발휘한다는 것이 헤겔의 위대한 공적 중 하나이다.

〔이제〕 나의 세 번째 논점〔자연과 역사의 통일 문제〕으로 들어가보자. 나는 헤겔이 그가 살던 동시대의 모든 사람처럼 사유의 과정에서 어떤 근본적 체험을 요구받았다고 말한 바 있다. 바로 그것은 분열의 체험이다. 헤겔은 이것을 "실정성 Positivität"이라 부른다. 우리는 헤겔이 종종 우리가 기대하는 표현을 전복하는 데 익숙해져야 한다. 헤겔이 실정성이라고 할 때, 그것은 극히 부정적 의미이다. 즉 규범은 권위로 정립

되어 있을 뿐, 우리 자신의 내적 긍정이 결여된 것이다. 이를테면 기독교의 실정성은 기독교가 통찰도 없이, 내면적 참여도 하지 않은 채 신자에게 그저 복종할 것을 전적으로 요구하는 일을 의미한다. 이때 존재하는 것이 바로 어떤 체제의 실정성이다. 체제가 그 체제의 적극적인 규정으로 타당성이 생기고 유지된다 하더라도, 그 안에는 이미 생생한 삶으로서의 그 어떤 정신도 존재하지 않는다. 주지하는 바와 같이 청년 시절 헤겔은 외적이고 실증적으로 적용되는 것과 사실적이고 현실적으로 있는 것 사이에 소외가 있으며, 그러한 소외로 인해 생겨난 몰락 광경을 생생하게 보여주는 것이 독일인의 신성로마제국 체제라 한다. 뒤돌아 생각해보면 독일인의 신성로마제국은 근본적으로── 레겐스부르크와 그 밖의 여러 곳에서── 끝없이 이어진 재판 때문에 종국에 이른다. 신성로마제국은 근대 영토주의 때문에, 그리고 종교적 신조의 대립과 절대주의적인 지방 정부의 분쟁 때문에, 모든 독일인의 참된 연대감을 잃고, 질서를 부여하는 진정한 국가 체제의 본질적 사명의 실효성을 잃고, 생명력도 잃어버렸다.

분열은 헤겔의 첫 번째 출발점으로, 이에 호응하는 분열의 화해 또는 헤겔이 말하는 바와 같은 "몰락의 화해"를 내포한다. 바로 이것이 사색가인 헤겔에게 부과된 과제, 곧 철학적 사고의 힘에 의해 재생하는 모든 분열의 화해이다. 내가 서술한 첫 번째〔신앙과 앎〕와 다시 결부시켜 말하자면,

화해의 개념은 기독교 복음의 참된 형태라는 사실을 헤겔은 아주 일찍부터 확실하게 느끼고 있었다. 우리는 헤겔의 학창 시절 친구였던 횔덜린J. C. F. Hölderlin이 학생 때 쓴 리포트 〈화해성의 천재인 예수〉를 가지고 있다. 이것은 계몽을 다루었을 뿐 신학적 정통론과는 아무런 관련이 없다. 이를 신학적 정통론이라고 말한 것은 하르나크Adolf von Harnack이거나 19세기 말 자유주의 신학이다. 중요한 것은 여기에 신학적 내용을 담고 있느냐가 아니라, 화해성 또는 화해가 인간 정신성의 진정한 현상임을 헤겔이 보여주고 있다는 점이다. 화해는 자기의식의 변증법 안에도 있다. 투쟁과 화해를 통해서 인간의 내적 신뢰 관계가 생겨나는 것이 아니라면 결코 우정도 결혼도 그리고 어떤 애정 관계도 있을 수 없다. 화해의 비밀은 헤겔 변증법의 비밀이다. 그것이 의미하는 것은 종합이다. 무엇을 통해서 헤겔이 형이상학적 철학의 위대한 전통을 종결하는 최후의 인물이 되었으며, 이 위대한 전통의 계보 안에서 그를 돋보이게 하는 것이 무엇인지를 밝히고자 한다면, 그가 근대의 토양에서 역사적 세계를 기술하고 있는 이 지구 절반에 해당하는 영역으로 그리스 형이상학의 위대한 사유를 확장한 것이라고 나는 말하고 싶다. 그리스 형이상학의 탁월함은 우주 안에서 이성을 구한다는 것, 다시 말해 자연을 형성하는 일체 안에서 질서를 부여하고 구별하는 누스Nus를 찾았다는 것이다. 자연 안에서 이성을 보았다는 것, 바로 그것이 그리스의 유산이다. 헤겔은 이 이성을 역사 안에서 보여주려 했다. 언뜻 보기에 이는 굉장한 역설이다 —— 우리만이 아니라 헤겔 시대의 눈으로 보아도 그렇다. 인간사(人間事)의 혼돈이 하늘에서 운행하는 별들의 고요한 궤도와 견주어 손색이 없다고 주장하는 것은 굉장한 역설이 아닐 수 없다. 그러나 이러한 주장이 사실상 그리스의 우주론과 형이상학의 전형이다. 태양계의 질서를 이미 피타고라스학파 사람들은 수학적이며 음악적인 조화로 규정·인식하고 있었다. 그러나 인간사의 혼돈 안에서, 그리고 이 불안정한 흥망성쇠 안에서, 우리는 지속적인 무엇이 결코 유지될 수 없다는 사실을 18세기에 특히 로마제국의 몰락을 통해 알았다. 18세기에 위대한 역사 사가들은 고대 공동 세계 Oikumene가 어떻게 몰락했는가 하는 문제에 거의 매여 있다시피 했다. 그런데 헤겔의 대담한 명제는 인간 역사에도 자연과 다르지 않은 유사함이 있다는 것이다. 헤겔이《법철학 *Grundlinien der Philosophie des Rechts Theorie*》서문에서 정식화하고, 그와 생각을 달리했던 사람들로부터 가당치 않은 주장이라고 조소를 받았던 그 유명한 전향은 다음과 같은 내용을 담고 있다. "이성적인 것은 현실적이며 현실적인 것은 이성적이다."

〔그렇다면〕 우리는 손을 붙들어 매고 이미 지나가버린 현실성을 단지 전승하고 이미 성립된 모든 것을 좋다고 해야만

하는가? 과연 헤겔이 그렇게 생각을 했다는 것인가? 헤겔이 말한 그 "현실성"이 우리가 처음에 이해했던 바로 그 의미인가? 비현실적이라는 말은 결국엔 현실적으로 남아 있을 수 없다는 것이 헤겔의 생각인가?——헤겔의 생각이 그렇다는 것은 아주 분명하다. 비이성적인 것은 〔이처럼〕 현실성 안에서 종국에는 지속적으로 있을 수 없게 될 만큼 아주 빗나간 것인가? 결국 개인이 역사적 전체 안에서 그리고 사회적 전체를 위해서 무엇을 이루고 행해야 하는지를 알지도 못하면서 개별자들이 그들의 계획과 활동성과 여러 희망과 실망과 절망으로 행동하며 생기 있게 살아가는 것 모두가 역사적 자기 체험의 거대한 현상인가? 이 모두가 다 우리의 역사 경험이며, 우리는 모두 역사의 경험 안에 있다. 즉 우리에게 무슨 일이 일어나는지를 우리가 전혀 알지 못하고 있음을 그 어떤 의미 형태로든 우리 모두가 언제나 말할 수 있을 만큼 우리는 역사의 경험 안에 있다. 우리에게 무엇이 일어나는지를 우리가 알지 못하는 것이 바로 역사이며, 그럼에도 우리가 이 놀이에 얽혀서 각자 자기 자리에서 또는——특히 젊은이들이 느끼는 것처럼——자기 자리를 찾기도 하고 찾지 못하기도 하면서, 좋지 않은 현실성을 바꾸어가며 일할 수 있는 것이 역사이다. 그래서 "이성적인 것은 현실적이며 현실적인 것은 이성적이다"라는 헤겔의 명제는 우리 모두의 비활동성을 정당화하기보다는 각 개인들에게 한결 더 분명한 과제를 요약·제시해주는 것이라고 나는 생각한다.

헤겔의 미래에 대한 통찰력 중 하나가 바로 이러한 생각과 관련이 있다. 알다시피 헤겔은 세계사의 과정을 정립-반정립-종합이라는 변증법적 세 단계를 거쳐 자유가 진보되어 간다고 보았다. 그래서 동양에서는 한 사람만이 자유롭고 그 밖의 사람은 자유롭지 않으며, 그리스에서는 도시의 본래 시민만이 자유로운 데 반하여 그 밖의 사람들은 노예라고 하였다. 마지막으로 기독교와 근대 역사는 제3신분(시민 계급)을 해방시키고 농민을 해방시켜 만인이 자유롭게 된다. 이것으로 역사는 끝인가? 아니면 만인의 자유가 실현된 뒤에도 역사는 계속된다는 것인가?—— 그렇다면 그 후의 역사는 무엇인가? 실제로 역사는 이후 새로운 원리를 근거로 가질 수 없다. 자유의 원리는 불가침이며 다시 소급할 수 있는 것이 아니다. 인간의 부자유를 다시 긍정하는 일은 그 누구에게도 더 이상 가능하지 않다. 모든 사람이 자유롭다는 이 원리를 우리는 뒤집어버릴 수는 없다. 그렇다면 이 말은 역사가 끝났다는 뜻인가? 과연 인간은 정말 자유로운 존재인가? 인간의 역사적 행위가 자유의 원리를 〔구체적〕 현실 안으로 옮겨놓아야 하는 것이 이후의 역사가 아닌가? 분명한 사실은 미래적인 과제를 열어 보이며 세계사의 무한 특징을 지시하자는 것이지, 근본적으로 모든 것을 정리해 어떤 해결된 보증을 제공하자는 것이 헤겔의 의도가 아니라는 점이다.

3

실천이란 무엇인가 —사회적 이성의 조건들[16]

실천Praxis은 오늘날 이론과 대립되는 방식으로 규정된다. 본래 실천이라는 단어에는 경험하지 않은 단순한 이론적 정통함에 대한 의혹이라는 반교조적 어조가 들어 있다——언제나 반복적으로 대립해온 공진적인 이 대립은 고대인들도 알고 있었다. 그러나 오늘날에는 실천의 반대 개념인 이론의 개념이 변질되어버림으로써 본래 이론 개념의 진정한 가치는 상실되고 말았다. 변질된 이론 개념[17]에서 이론Theoria이라는 하늘의 가시적 질서의 이음새와 세계 질서와 인간 사회의 질서로 넘어갈 줄 아는 어떤 눈was für das weggegebene Auge[18]을 가진 관조Theoria의 여운은 더 이상 찾을 길이 없다. 〔이제〕 이론은 진리 연구 범위 안에서, 그리고 새로운 인식을 끌어내는 범위 안에서 도구적 개념이 되어버렸다. 그 까닭에 도대체 "실천이란 무엇인가?"라는 근본적 질문을 하는 계기가 되었다. 오늘날 우리는 과학의 근대적 개념에서 과학을 응용하는 방향으로 철저하게 밀고 나갔기 때문에 무엇이 참다운 실천인지를 더 이상 알 수 없게 되었다.

실천이 보편적 의식을 위한 과학의 적용이라 한다면, 과학이란 도대체 무엇인가? 현대와 근대에서의 과학이 새로운 자기 전환을 이루었기에 실천은 최소한의 아무런 책임도 부담도 지지 않는 과학의 응용으로 전환되기에 이르렀는가? 과학은 이제 단지 지식적 앎과 앎에 버금가는 값의 총체가 아니라, 하나의 방법이고, 앞으로 나가는 길이고, 미지의 영역이고, 아직 지배하지 못한 영역 안으로 밀고 들어가는 길이 되었다. 그런데 이렇게 단지 앞으로 나아가는 진보는 본질적인 것들을 포기하지 않고는 얻을 수 없다. 근대 학문의 창시자이며 고전 역학(力學)의 창시자인 갈릴레이는 이러한 사실을 자세히 설명한다. 아직 아무도 경험을 통해 자유 낙하를 알지 못할 때, 갈릴레이가 자유 낙하의 법칙을 발전시킨 것은 대단한 용기였다. 그 이후에 처음으로 실험을 위한 진공(眞空)이 만들어진다. 학교 수업 시간에 우리를 매료시킨, 진공 안에서 엷은 깃털이 납판과 똑같은 속도로 낙하하는 실험에서 갈릴레이가 비전형적인 직관적 예감으로 앞서 그것을 알았다는 사실을 우리는 확인할 수 있다. 이에 대해 갈릴레이 자신은 이렇게 쓰고 있다. 나는 정신으로 사유한다 mente concipio, 나는 정신으로 자유 낙하를 생각하였으며, 자유 낙하는 매개물에 의해 방해를 받지 않으며, 거리와 시간의 상관관계로 순수 수학의 합법칙성이 있음을 밝혔다.

과학은 이런 방식의 새로운 원리에 근거한다. 과학은 우리가 원천적으로 경험할 수 있는 아주 익숙한 전체적인 세계는 간과한 채, 지배할 수 있는 연관 관계하에 분리된 연구를 통해 얻어진 인식으로 발전하였다. 과학에서 실천적 적용과의 관계는 근대 과학의 특성에 기초해 있다고 해야만 할 것이다. 초기 조건과 최종 결과의 사이에서 추상화된 관계가 쉽게 파악되면 새로운 초기 조건의 정립을 통해 결과를 미리 예견할 수 있고, 실제로 그처럼 이해된 과학은 기술시대를 가져왔다. 장인의 기술로 만든 제작물은 옛날엔 자연 안에 이미 있는 규범적인 모범과 결합해 있었으나, 기술 시대가 도래하면서 이는 구성적인 이상ideal으로 바뀌고, 이상에 의해서 인공적으로 만들어진 자연의 이념Idee이 되었다.

우리가 살고 있는 근대 문명 형태가 궁극적으로 초래한 것이 바로 이렇다. 역학이라는 과학의 개념 안에 있는 구조화된 이상이 우리의 본질을 기계적으로 개조하고, 자연을 개조하여 우주 공간으로 진출을 가능하게 하는 믿기 어려운 확장된 팔이 되었다.

방법적 구성과 기술적 제작연관의 내재적 일관성은 이중으로 작용한다. 이를 살펴보면 첫째로 기술Technik은 고대 수공업처럼 미리 생각한 구상과 관련되어 있다. 중세의 토지에 기반을 둔 경제생활 내지는 인류의 다른 북방 문화의 경제생활에서 기술적 노력은 언제나 소비자의 요구를 따랐다——

만들어야 할 것을 결정하는 기준은 다름 아닌 소비자였다. 고대에선 확실히 필요가 고대 노동 양식에 결정적이었다. 이와 반대로 기술적으로 발전된 문명사회에서는 새롭게 공급되고, 소비를 일깨우고, 욕구를 불러일으키는 제품이 주변을 점점 더 인위적künstlich으로 에워싸는 모습을 볼 수 있다. 둘째로, 인공적artifiziell으로 생성되는 세계에서는 필연적으로 널리 만연하는 것에 의해 세계와의 교통에서 유연성을 상실[19]하게 된다. 기술을 이용하는 사람은 — 우리 중에 기술을 사용하지 않는 사람이 있는가? — 그 기술의 작용을 신뢰하고, 자신의 행동 가능과 연관해 본래의 자유를 제한함으로써 마침내 현대 기술이 우리에게 제공하는 놀라운 편리함과 활동 영역을 대부분 만끽한다. 여기에 숨어 있는 두 가지 사실이 있다. 도대체 여기에서 일은 누구를 위한 것인가? 그리고 모든 기술의 성과는 삶에 어느 정도 기여하고 있는가이다. 바로 여기에서 새로운 문제가 제기된다. 이 문제는 모든 문명에서 제기된 문제이기도 하다. 그것은 바로 사회적 이성의 문제이다. 자연의 기술화와 모든 기술을 광범위하게 실행한 자연 환경 세계의 합리화 내지는 탈마술화, 탈신화화 등과 같은 신과 인간의 성급한 소통의 해체로 인해 결국에는 경제적 이윤이 새로운 힘으로, 우리 시대에 점점 더 강력한 사회적 힘으로 끊임없이 변모해갔다 — 이것을 성숙이라 할 수도 있고, 말하기에 따라서는 문명의 위기라 할 수도 있다. 왜냐하면 20세기에 비로소 기술에 의해 결정적 방식으로 새롭게 규정된 자연을 지배하는 기술적 능력이 서서히 사회적 삶으로 옮겨 가기 시작했기 때문이다. 〔그러나〕 기술적 능력이 사회적 삶으로 옮겨 가는 일은 저지당한다. 18세기에는 사회의 새로운 미래를 예언하는 이들이 있었으나 유럽 문화의 위대한 힘, 즉 기독교와 인문주의 그리고 고대의 유산과 고대의 정치적 조직 형태 등은 지속적으로 남아 지금도 여전히 결정적 역할을 하고 있다. 프랑스 혁명과 함께 새로 생긴 하층 계급, 즉 여전히 종교와의 연관성 속에서 살아가는 제3의 신분이 사회 속에 확고히 자리하면서, 기술 능력을 사회생활에 단적으로 적용하는 일이 지체된다.

그러나 지금은 그 한계에 이르렀다. 사회는 기술자들에 의해서 사실 전적으로 제약을 받지 않는다. 그러나 우리 의식 속에는 의미 있는 계획을 통해 합목적적 조직화를 이룰 수 있다는 생각, 간략하게 말해서 이성을 통해, 더 이성적 사회관계를 통해, 사회를 지배할 수 있지 않을까 하는 새로운 기대가 퍼져 있다. 바로 이것이 전문가 사회의 이상이다. 이 사회 안에서 살고 있는 사람들은 전문가가 자신들이 직면하게 될 실천적 결단이나 정치적 그리고 경제적 결단의 문제들에 대한 부담에서 벗어나게 해주기를 바란다. 이제 전문가는 정해진 과정에 따른 기술적 지배에서 정말로 없어서는 안 될 인물이 되었다. 전문가가 고대 수공업의 자리를 대신하는 것이다. 그러나 이러한 전문가들 역시 실천적이며 사회적인 경험으로 대치되어야 한다. 바로 이것이 사회가 전문인에게 거는 기대이며, 그 기대는 전문가가 무미건조하고 방법적인 자기평가로 그리고 정직한 신념으로는 채울 수 없는 것에 기인한다.

그러나 우리는 사회를 더 철저하게 기술적으로 만들어가면서 점점 더 위험한 형태로 기술적 여론을 형성하고 있다. 이것이 오늘날 모든 사회적 세력을 형성하기 위해 아주 강력하게 작용하는 새로운 요인이기도 하다. 현대의 정보기술은 상상할 수 없을 정도로 수많은 정보들로부터 필요한 것을 선택해야만 하는 가능성을 제공한다. 그러나 모든 선택은 간섭을 의미한다. 그 밖에 다른 의미일 수가 없다. 선택한 자는 사로잡히게 마련이다. 만일 그가 선택을 하지 않으면 상황은 훨씬 더 나빠진다. 그렇게 되면 범람하는 정보의 도도한 흐름에 의해 오성Verstand의 마지막까지 박탈당하고 말 것이다. 그러므로 현대의 의사소통 기술이 결과적으로 정신을 강력하게 조작하는 것을 피하기는 어렵다. 사람들은 여론을 계획적으로 특정한 방향으로 조정할 수도 있고 특정한 결정을 내리는 데 영향력을 행사할 수도 있다. 때문에 〔현대사회에서는〕 보도 매체를 소유한다는 것이 매우 중요하고 결정적인 일일 수 있다. 모든 민주적 제도는 그로 인하여 보도 기관을 관리하고 만들어가면서 균형을 맞추고 통제하며 크든 작든 무력화를 시도한다. 정보 욕구가 실제로 충족되지 않으면, 뉴스를 받아들이는 대중 사회는 공공적인 것에 대해 점점 더 무관심을 보인다.

그렇기에 정보화의 정도가 높다고 해서 반드시 사회적 이성이 강화되었음을 의미하는 것은 아니다. 나는 오히려 여기에 근본적인 문제가 있다고 생각한다. 말하자면 오늘날 인간은 자기동일성을 상실할 위험에 놓여 있다. 만일 개인이 사회에서 기술적으로 매개된 그 사회의 생활 형식에 의존감과 무력감을 느끼게 되면, 개인은 자기 동일화의 능력을 갖지 못하게 된다. 이것은 사회적으로 심각한 영향을 끼친다. 내가 보기에는 문명의 커다란 위험이 바로 여기에 있다. 다시 말해 자기 정체성을 살리기보다는 세상의 흐름에 순응하는 것을 질적으로 특권화die Privilegierung der Anpassungsqualitäten 해버리는 위험에 처하게 된다.[20]

기술 문명에서 개인의 창조적 능력이 그의 적응 능력만큼 보상을 받지 못하는 것은 불가피하다. 아주 간단히 말하면 전문인들의 사회는 기능인들의 사회이기도 하다. 왜냐하면 기능인이라는 개념이 만들어진 것은 기능인들 스스로 기능을 관리하는 일에 집중하기 때문이다. 과학학문적이고 기술적이며 경제적이며 재정적인 용건 처리, 그리고 관리와 정치 등의 능력이 있는 기능인은 현재의 모습과 같이 장치를 기능화한다. 그는 장치의 기능화를 위해서 선발되고, 그를 통해

승진의 기회를 얻는다. 각 개인들이 이러한 전개의 과정에서 변증법을 느낄 수 있다 해도 이것이 의미하는 바는 점점 더 자기 결단을 할 줄 아는 사람은 적어지고, 장치에 단순히 기능화되는 사람이 많아진다는 사실이다 —— 근대 산업사회는 내적으로 강요된 상황에 굴복하기 때문이다.[21] 이러한 사실은 기술로 인하여 실천이 몰락하는 결과를 가져오며 —— 〔그것은 단지〕 전문인의 허물 때문만은 아니다 —— 사회적 비이성으로 몰락하는 결과를 가져온다.

이러한 상황에서 실천의 참된 의미에 대해 철학적으로 반성한다는 것은 무엇을 의미하는가? 전혀 예측할 수는 없지만 나는 가장 근본적인 것이라 생각되는 지점에서 이에 대해 시작하려 한다. 그것이 변화 안에서 우리가 그런 변화를 뒤로하는 인간적이며 사회적인 모든 변화에 대해 변하지 않는 인간적인 배경을 설명해주는 한 지점이기 때문이다. 하나의 존재가 자연 형성의 이음새로서 그리고 창조의 이음새로서 역할할 때, 자연 안에서 일어나는 것은 무엇인가? 자연 형성의 연쇄로서, 그리고 창조의 이음새로서 역할할 때, 그 존재는 생명체의 본능적 성향과 그리고 종(種) 보전의 관계로 적절하게 맞춘 구성과는 다를 수밖에 없다.

인간은 생명과 본능을 〔스스로〕 바꿔가는 존재이다. 인간은 다른 생명체들과 다른 이런 특수성을 가진다는 것에 대해 〔새삼스레〕 논의할 여지는 없다. 인간이 가진 특수성은 동물 사회와 동물 사회의 소통 매체 형식 그리고 연대감의 형식과 공격의 형식 등과는 다른 것이다. 인간의 특수성은 세계에서 자신의 고유한 삶을 넘어서 생각한다는 점, 다시 말해 죽음에 대해 생각한다는 점이다. 여기에 죽은 자들의 장례가 있고, 인간 됨의 근본 현상이 있다. 장례가 뜻하는 것은 정말로 죽은 자를 서둘러 매장해버리고자 하는 것이 아니다. 장례는 계속해서 창백한 잠을 자는 갑자기 굳어버린 자의 두려운 인상을 빨리 지워버리려는 것이 아니다. 오히려 이와 반대로 사람이 죽은 자 옆에 머물며 일하고, 힘써 노력하며 봉사하면서 죽은 자 옆에 머무르려는 것, 살아 있는 사람들 사이에 죽은 자를 붙들어두려는 것이 장례이다. 우리는 고대 문명의 무덤에서 계속 새로이 발굴되어 우리와 마주하는 그 풍요롭고 거룩한 선물 앞에 놀라워한다. 이 거룩한 선물이 바로 오늘의 삶을 보증하는 것이다. 이 거룩한 선물은 죽음을 진실로 승인하지 않는다. 우리는 이러한 사실을 근본적인 의미에서 보아야 한다. 여기에서 문제 삼고자 하는 것은 종교가 아니다. 그렇다고 종교를 풍속, 습관 등의 세속적 형식으로 바꾸려 하는 것도 아니다. 우리가 문제 삼고자 하는 것은 종교에서부터 인간의 특수한 실천적 의미가 나오는 인간의 근본적 구조이다. 즉 자연의 질서와 다르게 바뀌진 삶의 관계이다. 동물에서 관찰할 수 있는 모든 삶의 본능은 거의 불가항력적이다. 이를테면 새들은 죽은 동족을 피하고, 또 죽은 동족에 대해서 놀라울 정도로 전혀 무관심한 모습을 보인다. 이러한 사실은 인간이 삶의 자연적 본능과 지속적인 생의 자연적 본능을 거슬러 다르게 존재한다는 사실을 뚜렷하게 보여준다. 이러한 관점에서 우리는 특이한 인간 실천의 본질적 특성을 알 수 있다. 거기에는 다음과 같은 일이 먼저 있다. 헤겔은 이 일에서 아주 힘들게 포기하는 일eine gewaltige Verzichtleistung을 매우 잘 설명하고 있다. 힘든 포기는 바로 욕망을 억제하는 일이다. 일하는 자는 수요의 직접적인 만족을 따르지 않는다. 일해서 얻는 생산물은 개인에게 속하는 것이 결코 아니다. 특히 노동이 분과별로 조직화된다면 그것은 사회에 속하는 것이다. 사회에서 첫째로 형성된 것이 언어이다. 그렇다면 언어는 무엇인가? 침묵으로 소통하는 이해——예를 들어 이것을 개미와 벌에서 볼 수 있다——를 넘어서 언어는 우리를 어디로 향하는가? 아리스토텔레스는 이에 대해 아주 중요한 요지를 간파했다. 즉 언어를 사용하는 존재는 그때그때 현재하는 것과 마주하는 거리Abstand를 언어로 밝힌다는 것이다. 왜냐하면 언어는 〔모든 것을〕 현재화하기 때문이다Denn Sprache macht gegenwärtig. 언어는 거리가 있는 목적물을 현재로 보존함으로써 주어진 목적에 대한 수단을 선택하는 의미에서 행위를 선택한다——이 행위 선택을 넘어서서 수행할 규범이 확정되고, 이것에 의해서 인간의 행위가 사회적 행위로 나아가는 것이다.

바로 여기에 우리가 실천이라고 말하는 첫 단계가 있다. 욕망의 목적들이 복합적으로 있고 모순으로 가득 찬 존재에게는 신중한 선택이 중요하며, 올바른 기획과 공동 목적을 바르게 따르는 일이 중요하다. 이를테면 놀랍게도 선사 시대의 수렵 사회에서 공동 작업을 하는 일을 생각해보면, 인간은 이미 그 당시 공동생활로 진입하고 있었다는 것을 알 수 있다. 그리고 위대한 것은 정의와 불의로 행동 규범을 정착시켰다는 사실이다. 행동 규범은 인간 존재의 기초적 불안정성 때문에, 즉 자연 영역에서의 독자적인 불안정성이라는 배경에서 형성되었다. 그것의 가장 섬뜩한 표현이 오늘날 인종학Ethnologie과 전쟁이다. 인간이라고 불리는 전도된 존재가 자신을 발견하는 것이 바로 전쟁이기도 하다는 사실을 우리는 다 안다. 전쟁의 실상은 자연 그 자체의 모순이기도 하다. 자연은 자기 자신을 거슬러서 돌아올 줄 아는 존재를 만들었고, 그 존재는 치밀한 계획과 조직으로 자신의 종족을 습격하고 종족을 죽이고 말살했다.

그러나 사람은 ―― 죽은 사람의 숭배와 법 제정과 전쟁 사이에서 ―― 인간 활동 영역을 주목하면서 인간적 실천의 참된 의미를 파악해야만 한다. 인간적 실천은 계급을 형성하는 동물에서 볼 수 있는 적응과 같은, 자연적 삶의 조건에서 집단으로 작용하는 적응을 한다고 해서 다 해결되는 것은 아니다 ―― 인간 사회는 공통된 삶의 질서로 다시 조직되며 각 개인은 이를 공공적 질서와 공동적인 것으로 인식하고 승인한다(이 질서가 훼손되고 범죄 안에 있다 해도 그렇다). 각 개인의 행위를 인간 행위의 특징이라고 보는 것은 사람에게는 삶을 유지하기 위해서 필수적인 것을 넘어서는 필요 이상의 것이 있기 때문이다.

사람은 식물과 동물 같은 다른 자연 산물에 대해서도 점차 알아가기 시작했지만, "목적 없이" 있는 것은 아무것도 없다. 그러나 모든 것이 다 잘 조화롭게 이루어져 있다는 자연에 대한 합리적이고 목적론적인 틀은 좁은 소견이다. 우리는 인간적이고 이성적으로 이해되는 의식적 합목적성을 인식하는 바로 그 자리에 방법의 합목적성이 공통적으로 원하는 목적임을 알기 때문에 효용, 유용성, 합목적성을 넘어서 이 모든 영역은 〔또 다른 차원에서 인간만의〕 독자적 특징을 얻게 된다gewinnt eine eigene Auszeichnung. 우리는 이러한 것을 그리스 사람들이 kalon이라고 말하는 것과 같은 의미에서 "아름답다"라고 한다. kalon은 모든 필연적인 것의 피안에 있는 예술과 같이 제례의 창작을 의미할 뿐만 아니라, 물어볼 여지도 없이 이는 모든 것을 포괄한다. 왜냐하면 kalon은 자기가 바라는 바가 정당함을 얻을 수 있고 또 얻을 필요가 있는지를 합목적성의 관점에서 문제 삼는 것이 아니라, 그저 바랄 수 있는 것da es wünschbar ist이기 때문이다. 이것을 그리스 사람들은 관조라 한다. 달리 이야기하면 어떤 것에 내어준 존재Weggegeben-Sein an etwas이다. 이것은 엄습해오는 현재로 모든 사람에게 공동으로 제공되는 것이고, 다른 모든 좋음과 달리 분할해도 조금도 감소되지 않는 것이다. 그 때문에 이는 그 이외의 다른 모든 좋음들이 그렇듯이 논쟁의 여지가 있는 것이 아니라, 오히려 분유(分有)에 의해서 얻어진다. 이것이 이성 개념을 낳는다. 다시 말해 모든 사람이 바람직한 모든 것을 확신하면 할수록, 그리고 공공적인 것으로 더 많이 발견하면 할수록, 그만큼 더 많은 사람이 적극적인 의미에서 자유를 얻는다. 다시 말해 공동적인 것과 함께 〔근대가 말하는 동일성과는 다른〕 참된 동일성을 갖는다.

이것은 얼마나 오래된 역사인가. 그런데 오늘날 살고 있는 현실은 어떠한가? 오늘날 우리는 사회생활 형식의 공공성 안에서 그러한 변용을 어디에서부터 찾아야 하는가? 그런 것이 이전에 정말 있기는 했는가? 노예 제도의 비참함을 기억하면 그 당시에 그런 것이 있었다고 과연 할 수 있는가? 지배와 섬김의 관계가 "자연 발생적Naturwüchsigen"이지 않듯이, 이러한 공공성의 피치 못할 한계는 분업의 필연성으로부터, 그리고 수요와 만족의 필연적인 차별로부터 생겨난 것이 아닌가? 주인과 노예의 관계에서 참다운 관계로 전환되는 것은 저절로 되는 것인가?

우리 사회를 비판하는 사람들 중에서 가장 반성적인 사람들은 오늘날 이러한 현상을 이데올로기에 대한 비판이라고 규정한다. 그런데 공공성을 뜻하는 모든 것의 핵심은 지배 관심이 아닌가. 그 지배 관심이 공적인 권력으로서 철저하게 이제는 자유의 이름으로, 그리고 자유의 헌법으로 선언되고 있지 않은가? 신마르크스주의자들은 이것을 왜곡된 의사소통(즉 선전)이라고 말한다. (이들은) 원래 공공적인 것과 의사소통으로 표현되는 언어까지도 지배 관심에 의해서 변형된 것이라 하면서 이 비동일성, 즉 비-자기 이해Sich-nicht-Verstehen를 언어로 하여 의사소통을 하는 공동적 세계를 지양하고 다시 동일성에 도달하는 것이 해방적 반성의 목적, 다시 말해 완성된 계몽주의의 목적이라고 선언한다. 해방적 반성은 해방적 반성의 의식화를 통해서 수행되고, 그 해방적 반성이 의식화하면서 해방적 반성은 사회가 공공적인 것을 지향하는 본래적인 의사소통의 흐름을 분리하고 봉쇄하며 방해하는 것을 지양한다. 이것이 이념 비판, 즉 이데올로기 비판이다.

이러한 측면에서 이데올로기 비판을 성취하기 위하여 모델로 삼아 반복해서 지시하는 것이 정신분석학이다. 정신분석학은 이러한 동일성 상실을 정신분석학적으로 지양한다. 그런데 이데올로기 비판이 주장하는 요지는 국가나 사회까지도 이러한 비판 요구가 가능하다는 것이다. 이들은 반성에 의해서 그리고 계몽주의의 완성에 의해서 그리고 압력 없는 대화의 형식으로 억압과 사회적으로 잘못된 것을 고쳐 세울 수 있다는 것이다. 하버마스Jürgen Habermas도 의사소통 능력이라는 목표하에 모든 구별을 넘어서서 서로 상호간에 말을 할 수 있는 의사소통을 위한 통찰에 합의를 이룰 수 있다고 요약하여 이야기한다.

물론 정신분석의 모델은 이데올로기 비판의 요구처럼 그렇게 넓게 영향을 미칠 수는 없다. 정신분석의 모델은 현재 의사소통에 연계된 사회의 장애를 다시 회복해가려는 데 목적이 있다. 이러한 사실은 정신분석이 환자의 질병 소견을 전제로 하는 것을 의미한다. 만일에 다시 노력을 하려 하지 않고, 의지를 갖지 않는 정말로 구제 불능인 사람이라 한다면, 그 누구도 정신적 치료의 결과를 보지는 못할 것이다. 그런데 이 모델은 의사소통에 장애가 있는 공통 조건을 회복하는 것이 중요할 때에 한해서만 효용이 있다.

내 입장에서 보면 〔이는〕 긍정적 측면과 부정적 측면이 있다. 우선 내가 말할 수 있는 것은 이데올로기 비판 작업은 변증법적 구조라는 것, 그리고 이 작업은 이데올로기를 수정하기도 하고 폐기하기도 하는 일정한 사회적 조건과 관계가 있다는 것이다. 이데올로기 비판은 그것이 비판하고 있는 사회적 진행 과정에 그 자신 역시 속해 있다는 것이 피할 수 없는 전제이다. 이러한 전제는 어떤 과학의 학문적 요구로도 바꿀 수 없다. 이는 정신분석학에도 해당된다. 정신분석학적 치료에 기술적이며 과학적 능력이 아무리 투입된다 해도——거기에는 항상 참된 실천이라는 계기가 함께한다. 이 순수한 실천은 어떤 것으로 "만들어진 것"이 아니고, 또는 짜 맞추어서 만들어진 것도 아니다. 그리고 환자의 삶은 순수한 실천이기만 하지도 않다. 환자는 자신의 성찰에 의해서 임상 의사의 일방적 처방을 수용하며 있다. 〔그러한 면에서〕 환자의 자기 성찰은 모든 시술적 진행 과정을 넘어서 있다. 환자는 자신이 처해 있는 사회적이며 영적인 상황 안에서 자유롭게 그리고 자발적으로 자기 자신의 병을 치유하는 일에 전념하는 것이다.

유토피아도 실천이라는 순수한 개념과 간접적인 관계에 있다. 확실하고 분명한 것은 유토피아가 변증법적 개념이라는 사실이다. 유토피아는 행위의 목적을 세워나가는 것이 아니라 바로 "지금 여기에서 이제 막 시작하려는" 것으로, 아직 행위의 계기에 이르지 못했다는 것이 오히려 유토피아의 특징이다. 유토피아는 바로 〔행위에〕 이르는 것이 아니라 (내가 앞에서 언급한 바와 같이) 멀리서 점점 다가오는 어떤 형식eine Form der Anzüglichkeit에 의해서 규정된다. 유토피아는 원래 행위의 투사Handlungsentwurf가 아니라 현실비판Gebenwartskritik이다. 이러한 사실을 우리는 그리스 사람에게서 배운다.

그리스 사람들은 이를 아주 잘 보여준다. 플라톤이 〈국가〉편과 〈법률〉편에서 앞서 보여준 것과 같이, 그리고 그리스인의 유토피아적 사회의 증언이라 할 문학 작품을 이해하거나 다른 흔적을 보아 알 수 있듯이, 현재와 그 현재의 유약함에 대한 통찰이 종종 기괴할 정도로 망가진 모습을 통해서 그려진다. 부녀자의 공동체가 플라톤의 국가론에서 어떠한 역할을 했는지를 생각해보라. 플라톤이 그리스 폴리스의 공동적 삶 안에서 명문 권세의 기능이 정체되어 있음을 도발적으로 분명히 밝힌다. 그리고 이러한 사실이 실제로 플라톤의 국가론에서 어떠한 역할을 했는지 생각해보자. 사람들이 플라톤의 저서에 대해 그래도 (유토피아 중에서) 몇 개는 실현되지 않았느냐고 하면서 유토피아의 성격을 가능한 한 너그럽게 보려고 한다면 그것은 너무 단순한 생각이다. 유토피아는 모든 것이 실현되어야 하나 플라톤이 밝히고 있듯이 강제에 의한 것이어서는 안된다. 오히려 실현되어야 하는 것은 순수한 연대성이며 순수한 공동성이다. 플라톤이 인식한 핵심은 자기 자신과의 우애가 있어야 타인과의 우정도 가능하다는 사실이다. 플라톤 자신이 저 불운한 시칠리아 모험에서도 실천적이고 공공적인 삶의 조언자로서 어떤 모습을 보여주었는가 하는 것은 아주 긴 이야기가 될 듯하다. 우리는 이 이야기를 플라톤의 여러 서한, 〔그중에서도〕 특히 제7서한에서 잘 파악할 수 있다. 플라톤의 유토피아는 이 서한에서 단지 하나의 개념적 차이로만 드러난다. 즉 소망과 선택의 차이이다. 소망의 정의에는 행동을 매개로 하는 책임이 언제나 포함된다. 진실 바로 그것이 소망이다. 동시에 이 소망에 반대되는 말은 아무것도 없다. 내가 말하고자 하는 것은 오르테가 이 가세트Ortega y Gasset의 말, 기술은 판타지가 없으면, 그리고 소망의 힘이 없으면 멸망한다는 말은 옳다는 것이다.

만족할 만한 것을 소망하고 이를 찾아 길을 나서는 것이 바로 인간의 창조능력이다. 소망이 의지가 아니고 실천이 아니라고 해서 달라지는 것은 아무것도 없다. 실천에 속하는 것은 선택이다. 실천은 어떤 것에 대하여 찬성하고, 어떤 것에 대하여 반대하는 것을 결단하는 일이다. 여기에 실천하는 반성이 작용하며, 반성은 자기 자신 안에서 아주 철저하게 변증법적이다. 만일 내가 어떤 것을 원한다면 반성이 시작되고 나는 이 반성을 통해서 나의 분석과정에 도달하는 것을 지켜볼 수 있다. 다시 말해 내가 이것저것을 갖고자 한다면 나는 이것저것을 가져야만 하고……그래서 결국 나는 나 자신이 현재 처해 있는 자리, 그리고 내 힘으로 시작할 수 있는 데까지 되돌아 간다. 아리스토텔레스의 말에 의하면, 이는 실천적 삼단논법의 귀결이다. 실천적 숙고는 그러므로 결단이라 할 수 있다. 그러나 이 결단과 소망으로부터 행위해야 하는 데 이르기까지 반성의 모든 과정은 동시에 소망 그것을 구체화하는 것이다. 사람이 자기가 좋다고 생각하는 목적에 도달할 가능성에 대해서 반성하고 행위해야 할 것을 행하는 경우에만 실천적 이성이 존재하는 것은 아니다. 그러나 아리스토텔레스는 숙고와 단순한 발견을 명확히 구별한다. 단순한 발견은 초감성적 숙달성으로 설정된 목표를 향해서 적절한 방법으로 나아간다. 다시 말해서 어디에서나 거짓으로, 기만으로, 언변으로 행하는 단순한 발견은 실천적 숙고와는 거리가 있다. 그러한 고도의 사기적, 지능적 명민성은 결코 현실적인 "실천 이성"이 아니다. 실천 이성에서 중요한 것은 모든 기술적인 합리성에 반대하여 한계를 긋는 것이며, 목적 그 자체인 "일반적인 것Allgemeine"이 개별자에 의해서 자기의 본분을 얻는 것이다. 우리는 여러 영역에서 사회적 경험을 통해 이러한 사실을 잘 알고 있다. 모든 시대의 법학에서도 우리는 그 예를 찾아볼 수 있다. 법률이 기준이 되고 법률이 하나의 판례가 되는 것은, 단지 삶을 위태롭게 하는 형식주의자들의 눈에 의해 일의적으로 규정된 것이다. 법의 발견Rechsfindung은 사례와 법률을 함께 고려해 본래의 올바름das eigentliche Rechte을 법das Recht으로 구체화하는 것을 의미한다. 그래서 판례, 즉 기존에 선고된 판결이 법체계에서는 보편적 법률에 의한 판결보다도 더 중요하기도 하다. 이것은 보편적 의미, 그리고 규범의 의미가 구체적 사안에서만, 그리고 그 구체적 사안을 통해서 현실적으로 정당성을 가지고 규정되는 한에서만 옳음을 보여준다. 이러한 경우에만 유토피아의 실천적 의미 역시 실현된다. 그런 까닭에 유토피아는 행위가 아닌 반성을 지시하는 것Reflexionsanweisung이라 할 수 있다.

이것이 바로 "실천"의 특징적 형식이다. 자기 자신의 적절한 생각을 좇아서 계획을 세우고 "행동"하는 것이 아니라 서로 행위하는 것이며 공동적 일들을 자기의 행위로 함께 결정해가는 것이다.

실천 역시 분명 추상적 규범의식에만 있는 것은 아니다. 실천은 언제나 이미 앞선 구체적 동기가 있고 이를 받아들이는 것이기는 하지만, 여기에는 이미 앞서서 받아들인 것에 대한 비판도 따른다. 우리는 언제나 인습에 사로잡혀 있다. 문화에서 중요한 것은 일련의 자명성인데, 그것이 문화의 고유한 의식으로부터 완전히 사라져버렸다. 그러나 자명하게 전래된 형식과 인습과 습관이 최대한 해체되는 경우에도 공동성[22]은 여전히 모든 것을 같은 정도로 결정짓는다. 이것이 헤겔의 규정적 부정론Hegelslehre von der bestimmten Negation에서 철저히 인지되고 있다. 그러나 헤겔의 규정적 부정론은 내가 보기에 매우 중요한 통찰이기는 하나, 현재의 입장에서 보면 역사주의로서, 모든 것을 가능하게 하는 상대주의적 정리(定理)로 뒤덮인 듯하다. 때문에 다음과 같은 질문을 하는 사람이 있다. 이를테면 대개 공동성에 의하여 국가와 사회 일반이 존재할 수 있지만, 이렇게 선행된 잔여 공동성[23]으로 〔모든 것이〕 충분한가? 즉, 어떤 증인이 종교법으로 정한 서약에는 아무런 구속을 받지 않는다 하더라도 그가 법질서를 존중하기 때문에 법정에서는 가끔 진실을 말하는 것만으로 충분한가? 어떤 사람이 "실천"을 깊이 성찰하여 다시 의식하게 되었다는 것, 그것이 전부라고 한다면 그것으로는 너무 작지 않은가? 그것은 너무 부정적 전망이다. 그렇다면 실천의 의무와 동시에 공동적 이성의 작용성이 "실천 안에서" 이론의 의미보다 훨씬 더 위대한 것일까? 우리는 모든 생활 연관성을 합리화하는 경제적, 사회적 체계 안에서 내재적으로 일에 강요당하고 끌려 다니는 것처럼 보인다. 그럼에도 우리는 점점 더 발전해가는 기술적 활동성을 높여가면서 그 악순환에서 벗어날 줄을 모른다. 넓은 시야를 가진 사람들은 인류가 다가오는 죽음의 경계선에 와 있음을 안다. 이윤을 추구하며 원자력 시설을 갖춘 사회에서는 또 다른 공동적 경험들이 있음을 알아야 한다. 이러한 사회에서 모든 사람들은 조작 가능한 한계를 의식할 수 있다. 이를테면 유전학적 전율을 상기해보자. 유전학의 영역에서 배양 가능성이 밝혀진 CIBA[24]의 학술회의가 세상에 알려지자 세상을 휩쓴 놀라움의 물결을 상기해보자. 그것이 윤리적 의식인가?—— 또 유전학적 방법으로 일종의 인간 이상의 것을 배양하게 된 소란스러운 일과 관련해 이 사회가 일벌레로 바뀔 수 있다는 것은 놀라운 일이 아닌가? 아니면 세뇌라는 다른 현상을 예로 들어보자. 내가 30대 초반이었을 때 스탈린 치하에서 세뇌 재판은 일반적인 의식보다 훨씬 더 무서운 공포로 간주되었고, 이러한 의식 전환을 일으키는 약물 내지는 그 밖의 조작 행위가 있었음이 밝혀졌다.

모든 인간 사회에서 보는 바와 같이 우리의 세계에서 나타나는 〔환원주의 내지는〕 일치주의에 대한 보편적 경향이 우리에게 오랫동안 뿌리 내린 확신을 바꾸어버릴 가능성, 그것도 〔매우〕 자연스럽게 자유로이 지각하지도 못한 채로 모든 것을 바꾸어버릴 수 있는 원인으로 작용한다는 사실은 오늘날 우리에게 아주 절망적인 생각을 갖게 한다. 우리는 그러한 조작 가능성을 전율 없이 용인할 수는 없다. 또 다른 제3의 것, 즉 민주주의를 예로 들어보자. 민주주의가 무엇인가? 대통령 후보들의 사진이 잘 받는 훌륭한 모습에 좌우되는 것이 무슨 민주주의인가? 물론 사진을 잘 받는 것 때문에 대통령이 되는 사람은 없다 하더라도 그것이 필수불가결한 하나의 조건이 된다는 것——그것이 민주주의의 실천이며 정치적인 의미를 순수하게 실현하고 있는지 우리는 염려하는 마음으로 자문해보아야 하지 않는가. 마지막으로 매우 낯선 기술technischen 세계의 문제를 예로 들어보자. 즉, 죽음을 연장하는 문제이다. 오늘날 의사들은 히포크라테스 선서와는 반대로 죽게 "하는läst" 과도한 요구를 받고 있다. 의사는 무작정 아무런 의미도 없이 기계적으로 생체의 식물적 기능만을 유지시킨다. 그러나 내가 담당 의사들과의 대화에서 여러 번 말했듯이, 의사는 결단하는 용기를 행해야 하고 마음을 아프게 하는 괴로운 책임을 받아들이며 이제는 그만 끝이다! 하고 말할 수 있어야 한다.

그러나 우리가 예로 든 모든 문제 뒤에는 전체적으로 우리의 실천 이성에 호소하는 보다 일반적인 경험이 있다. 실천 이성이 기술적 합리성의 한계를 의식하는 바로 그것이 생태학적 위기이다. 즉 경제와 기술의 잠재적 성장으로 우리가 더 이상 이 지구상에서 살지 못하게 되는 시기가 곧 올 거라는 것이다.

이에 대해 모든 전문가가 말하듯이, 이 같은 사실은 거대한 천체와 예측 가능한 충돌에 의해 생활공간인 이 행성이 우주적 종말을 하게 될 것이라는 예견만큼이나 확실하다. 우리는 이러한 생각에로 이끌어준 과학의 통찰에 감사한다. 그리고 그 과학 덕에 많이 진보한 것도 사실이다. 그러나 이제 우리는 더 이상 과학의 거대한 영향으로 덮여버리는 기계의 자동화 시대가 아닌 조정 체계의 시대에 살며, 다양한 정보 가공의 시대에 살며, 여러 체계를 자기 통제하는 시대에 살고자 한다. 우리는 이 시대의 과학학문적 계몽주의에 의하여 균형 조건과 균형 장치가 있다는 것을 알게 되고, 이러한 균형 조건과 균형 장치를 바르게 유지하는 것이 중요하다는 사실을 배우기 시작했다. 이러한 견해가 비록 잠정적이며 아직 우리 생활에서 매우 제한적인 일부 견해라 하더라도, 그리고 세계 경험의 주도적 모델에 아직 이르지는 못했을지라도, 이제 우리는 기술적 문제 이상의 것이 있음을 안다.

지구라는 닫힌 일터는 결국 모든 사람의 운명이 되었다. 아마도 이러한 의식은 천천히 정치를 넘어서는 과정에서 더 많이 밀려올 것이다. 사람들은 그에 대해 전혀 기만할 필요가 없다. 한 예로 닉슨Richard Nixon이 어느 일정한 순간에 생태학적 위기를 정치적 투쟁 방식으로 삼은, 분명하고 확실한 국내 정치적인 사정이 있었다. 만약에 그러한 의도가 없었다면 그가 그렇게 하지 않았을 것이다. 이성의 교지(狡智)가 〔이와 같이〕 잘못된 길로 들어선다고 해서 크게 해로울 것은 없다. 이것이 〔결국은〕 산업화 시민들의 사회적 의식으로 스며들어 갔다.

그러나 분명한 사실은 산업 시민들, 특히 경제 집단의 산업 시민들이 다른 산업 시민들과 함께하지 않으면 도움이 되지 않다는 것이다. 저개발 국가 국민에게 과도하게 개발된 기술은 아주 무서운 것이라고 이해시키는 일이 얼마나 절망적인 일인지 나 자신이 여러번 체험했다.

우리는 공공 의식으로부터 너무나 멀리 떨어져 있다. 인류가 수많은 위기와 고통을 경험하는 역사 과정에서 알 수 있듯이, 만일에 이 지구상에서 모든 사람의 운명이 중요하고 원자 파괴 무기가 무의미하다는 것과 같은 새로운 연대성을 다시 찾지 않는다면, 이 세상에 살아남을 사람은 ── 아무도 ── 없다. 우리에게 시간이 얼마나 있는지는 아무도 모른다. 그러나 이 근본 명제만은 건재하다. 즉 이성이 너무 늦었다는 것은 있을 수 없다는 것이다. 실제로 시간을 계산해서 위기를 예언하는 사람을 믿는 사람은 없을 것이다. 그러한 계산은 알지 못할 많은 것에 의존하고 있기에 신뢰할 수가 없다. 그리고 종종 염세적인 정보로 기분이 우울한 사람들은 철도를 발견한 후의 시대를 상기하며 위로를 받을 수도 있을 것이다. 그 당시에 정신과 의사와 일반 의사들이 한목소리로 새로운 교통수단의 살인적인 진동 소리가 인간의 정신 건강을 완전히 해칠 것이라고 예언했듯이 말이다. 그것이 사실이라면 우리는 이미 오래전에 정신이 돌아버렸을 것이다. 그런 의미에서 지금 우리에게는 약간의 여유가 있다고 할 수 있다.

사람들은 다소 여유가 있다는 것이 어쩌면 서글픈 위로라고 생각할 수도 있다. 그러나 나는 결코 이것이 전부라고는 생각하지 않는다. 이를테면 우리가 처음 생각할 수 있는 것은, 다시 말해 연대성의 첫 의식은 어쩔 수 없는 데서 생겨나는 것임이 분명하다. 그러나 그것이 어떤 이의를 제기하는가? 사물의 토대인 현존das Vorhandensein eines fun-damentum in re이 오히려 먼저라고 말하고 있지 않은가? 어쩔 수 없는Aus Not 어떤 연대성이 또 다른 연대성들을 발견해가지 않는가.

기술 문명의 진보 과정에서 지나친 자극으로 인해 공동으로 함께 살아가는 불변의 확고한 부분들에 눈이 멀었던 것처럼, 이제 우리는 서서히 인류의 연대 의식을 다시 깨우쳐야 한다. 다시 말해 인류가 번영과 쇠락을 거듭하면서 삶의 문제를 이 지구상에서 풀기 위해서는 연대 의식을 다시 깨우쳐야 할 것이다. 나는 인류가 미래 사회로 진입할 수 있는 여러 연대성을 다시 발견하리라는 것을 확신한다. 나는 라틴 민족의 여러 특징을 잘 알고 있다. 그들은 놀랄 만한 저항력으로 산업의 이윤 추구에 대항하여 방어하며, 보다 안정적인 구심점에 대한 일종의 증거물들과 같이, 남쪽 여러 나라에서 경험하는 자연적 삶의 쾌활함과 인류의 행복을 향유할 줄 안다. 내가 묻고자 하는 것은, 지금은 서서히 유럽과 미국의 문명으로부터 기술적으로 영향을 많이 받고 있기는 하지만 낯선 북방 문화, 그러니까 중국과 일본 등, 특히 인도는 유럽적인 침실과 미국적인 직업의 영향 아래에서도 여전히 수천 년의 문화 전통을 종교적·사회적으로 존속하고 있다. 다시 말해 그들은 여러 어려움 속에서도 공동적이며 실천 이성을 언급하게 하는 연대성을 다시 새롭게 의식토록 하는 것들이 그들 안에 아직도 많이 존속하고 있지 않은가 하는 것이다.

결론적으로 나는 시민 사회 역시 더욱 공헌하리라는 것을 믿는다. 나는 그것이 사회 계급의 지배 의미, 즉 사회 계급의 계층 이념의 의미로서가 아니라 서유럽의 문화유산인 시민 사회에 의해 미래 세계 문명으로 진입하는 것에 더욱 공헌하리라 생각한다. 물론 오늘날에도 여전히 억압받는 현실성에 대해 시민적이거나 소시민적인 향락 형식과 보상 형식으로 성립된다 해도 그렇다. 이성의 간지List는 구부러진 길을 간다. 고대와 기독교의 기나긴 역사에서 출발하여 인간성을 주도하는 모습으로 우리에게 깊이 각인된 것 중에도 우리가 생각하는 것보다 훨씬 더 생명력을 가진 것들이 있다. 그것이 다시금 자기의식으로 되돌아올 수 있다. 그래서 나는 실천이 무엇이냐는 질문에 대하여 일종의 답을 이렇게 요약하고자 한다. 실천은 연대적인 자기 관계이며 연대적인 행위이다Sich-Verhalten und Handeln in Solidarität. 연대성은 모든 사회적 이성의 결정적 조건이며 기초이다. 철학자 헤라클레이토스의 "잠언"이 있다——로고스(이성)는 모든 이에게 공동적이다. 그러나 사람들은 마치 각자가 자기의 개인적 이성을 가진 것처럼 행동한다. 꼭 그래야만 하는가?

4

실천철학으로서의 해석학[25]

해석학 그 자체는 오래된 주제이다. 그러나 대략 15세기 이래로 해석학은 새로운 활력을 얻는다. 우리가 이 활력을 평가하고 해석학의 의미와 철학과 신학의 중심적인 문제와 해석학 간의 관계를 밝히려면, 해석학적 문제가 새로운 활기를 띠게 되는 역사적 배경을 〔먼저〕 문제 삼아야 한다. 다시 말해서 특수하고 경우에 따라 활용하는 영역의 해석학이 어떻게 철학적 문제를 제기하는 시야로 넓혀졌는지를 추적해 보아야만 한다.

사람들은 해석학을 주석과 해석의 이론 혹은 기술로 이해했다. 해석학이라는 말에 대한 18세기의 흔한 독일어 표현인 '기술론Kunstlehre'은 원래 그리스어 'Techne'의 번역으로, 해석학을 문법학 또는 수사학 또는 변증론 같은 기술적 '품성Artes'에 포함시켰다. 그러나 이 '기술론'이라는 표현은 사실 고대 후기의 교양 전통과는 다른 전통임을 보여준다. 즉 고대 후기의 교양 전통은 오늘날에는 더 이상 현실로 살아 있지 않은 아리스토텔레스의 전통을 지시한다. 이러한 아리스토텔레스의 전통 안에 있는 이른바 실천철학philosophia practica ― 이것을 바로 정치학politica이라고 부른다 ― 은 18세기 말까지 이어진다. 이 실천철학이 '공화국polis'에 봉사하면서 모든 '기술들Künste'의 체계적인 틀을 실천철학이 만들어나갔다.

문제의 중심으로 옮겨 가기 위하여, 이러한 이름이 붙여진 것들 안에 숨어 있는 개념들을 〔우리는〕 개념사적으로 반성해볼 필요가 있다. 먼저 '철학'이라는 단어 자체부터 보도록 하자. 우리가 과학Wissenschaft과 철학을 구별하지만 경우에 따라서는 철학도 과학이라는 것 ― 또는 과학의 여왕이라는 것 ― 을 주장하는 경우, 철학과 과학은 서로 연결되어 있지 원래 배타적이지 않았다는 것이다. 오히려 철학이 바로 과학이었던 것이다. 그 당시 과학은 근대적 방법 개념에 기초한 연구, 수학과 측량을 기반으로 한 연구만이 아니라, 모든 전문적 영역Sachkunde과 진리 인식을 포함하는 폭넓은 의미였다. 그러한 의미에서 철학은 익명의 과정이 아니라 경험과학적인 일로 여겨졌다. 아리스토텔레스의 '실천철학'이라는 표현은 위에서 말한 일반적 의미에서 '과학'을 '철학'처럼 여겼던 것이다. 그러나 실천철학은 증거를 가지고 연구하고 이론을 가능하게 하는 지식이기는 해도 그리스 사람들이 이론적 인식episteme의 모범으로 삼았던 수학과 같은 과학은 아니었다. '실천적'이라는 말은, 자연에 관한 지식이라는 '자연학Physik'과 '수학'과 '신학'(또는 제일 과학, 즉 형이상학)을 포괄하는 이론철학과의 대립을 강조하는 의미가 있었다. 인간은 정치적 동물이기 때문에 정치학은 가장 높은 철학으로서 실천철학에 속했다. 〔이런 의미에서〕 정치학은 소위 '고전 정치학klassische Politik'으로서 19세기에 이르기까지 잘 보존되었다. 이 같은 배경에서 보자면 이론과 실천의 근대적 대립은 다소 의외로 여겨진다. 이 고전적 대립은 결국 앎의 대립ein Gegensatz des Wissens이었지 과학과 그 학문의 응용 간의 대립der Gegensatz zwischen Wissenschaft und Anwendung der Wissenschaft은 아니었기 때문이다.

이와 동시에 우리는 바로 여기에서 실천이라는 근원적 개념 또한 다르게 구조화되어 있음을 알 수 있다. 그러한 점에서 실천의 근원적 개념을 다시 파악하고 실천철학의 전통 의미를 이해하기 위하여, 실천을 〔이론과〕 대립적인 관계로부터 〔실질적인 일들을 다루는〕 '과학'으로 전적으로 되돌려놓아야만 한다. 자신의 사고력으로 일을 수행하는 것에 의해서만 규정되는 사람들이 최고도의 '행위tätig'를 하는 사람이라고 지칭된다는 사실을 이미 아리스토텔레스의 훌륭한 문장이 입증하고 있듯이, 아리스토텔레스가 여러 과학(학문)을 구분하면서 그중에 분명히 넣었던 이론Theoria과의 대립조차도 여기에서는 실제로 역할하고 있지 않다. 이론은 그 자체로 하나의 실천praxis tis이다.

오늘을 사는 사람들의 귀에는 (이론은 그 자체로 하나의 실천이라는) 이 말이 일종의 궤변처럼 들릴 것이다. 우리에게 실천의 의미는 이론과 과학의 적용에 의해서만 규정되기 때문이다 —— 순수하지 못한 것이나 덜된 것, 내지는 적응 또는 타협과 흉내만 내는 그러한 의미에서 실천이란 의미로 응용된 모든 것이 함축적으로 '실천'을 규정하기 때문이다. 이러한 일은 그 자체로는 아주 옳은 일일 수도 있다. 특히 플라톤은 이 대립을 그의 〈국가〉 편에서 계속해서 예리하게 지적하고 있다. 순수한 이념적인 질서와 혼탁하고 혼합된 감성계 사이에 성립하는 지양할 수 없는 분리, 그리고 플라톤의 이데아론을 지배하는 이 지양할 수 없는 분리가 그렇다. 그렇다고 해서 그리스적인 의미에서 볼 때 이론과 실천의 관계와도 일치하는 것도 아니다. 실천이라는 말과 이론이라는 개념의 본래적인 의미는 애초에 '이론'과의 대립에 의해서, 그리고 이론의 응용에서 규정되지 않았다. 오히려 '실천'은 요하임 리터가 자신의 책에서 밝힌 바와 같이, 보다 넓은 일반성으로 살아 있는 자의 행위 방식을 형성한다. 생생하게 살아 있는 실천은 활동성과 상황 안에 있음Tätigkeit und Befindlichkeit 사이에 있는 것으로, 실천은 그 자체로 인간을 제한하지 않는다. 인간은 단지 자유로운 선택prohairesis에 의해서 일할 뿐이다. 실천은 살아 있는 사람들 일반의 삶의 활동Energeia을 뜻하며, 살아 있는 사람들 일반 활동에 상응하는 것이 '삶'이다. 삶은 그 어떤 방식으로 살아가는Bios 방식이며, 하나의 생활이다. 동물도 그 나름으로 삶의 한 방식이라 할 어떤 삶의 방식을 간직하고 있다.

물론 동물과 인간 사이에는 결정적인 차이가 있다. 인간의 생활 방식은 다른 생명체처럼 확정되어 있지 않다. 이것이 의미하는 것은 인간에게만 적합한 '자유로운 선택'의 개념이 있다는 것이다. 자유로운 선택이란 앞서 계획하고 미리 선택하는 것을 의미한다. (자유로운 선택이란) 지적으로 어떤 한 가지를 다른 것에 앞세우는 것, 그리고 의식적으로 여러 가지 가능성 사이에서 선택하는 것, 바로 이것이 인간의 유일하고도 특별한 특징이다. 그런데 아리스토텔레스의 실천이라는 개념은, 공동 국가Polis에서 자유 시민의 신분으로 용인되는 한에서 특별히 강조되었다. 인간적 실천은 여기에서 탁월한 의미를 갖는다. 인간적 실천은 그 어떤 방식으로 살아가는 하나의 '삶Bios'의 '자유로운 선택'에 의해서 밝혀지는 것이다. 자유로운 결단은 향락이든 권력이든 영예이든 또는 인식이든 간에, 살아가는 데 중요한 주도적 질서에 따라 방향을 잡아간다. 이와 함께 사람들과 더불어 살아가는 공동사회의 체제 안에서 남자와 여자 사이, 그리고 노인과 아이 사이, 그리고 종속적인 사람과 독립적인 사람 사이(특히 그 당시에는 무엇보다도 노예와 자유인의 차이를 생각해보자)에 여전히 다르게 생활해가는 차이성이 있음을 알게 된다. 이 모든 것이 '실천'이다. 그러므로 실천은 타고난 삶의 본능의 특징에 의해 이끌리는 동물과 같은 자연적 행동 방식을 더 이상 지칭하지 않는다. 특히 소피스트들의 계몽은 인간의 덕이 때에 따라서 모두 구별된다고 주장하지만—앎(知)과 선택에 바탕을 둔 '덕arete' 전체에서 비로소 (실천은) 공동 시민의 자유로운 신분으로 실현되는 것이다.

'실천'은 이와 같이 넓은 의미의 영역을 포함하고 있다. 때문에 아리스토텔레스에게 실천이라는 개념이 경험하는 가장 중요한 경계는, 일종의 가장 높은 실천으로 인간이 살아가는 여러 가능성의 넓은 영역에서 나오는 이론적 과학으로 짓는 경계가 아니라, 아는 것에 근거를 두고 만들어내는 das auf Wissen beruhende Herstellen 경계, 다시 말해 공동 사회생활을 위해 삶을 꾸려나가는 근거를 보여주는 시학poiesis[26]이다. 특히 "더욱 저급하고" "속된" 기술Techne이 중요한 것이 아니라 자유인이 낙오자가 되지 않고 살아갈 수 있는 기술이 중요하다면, 그것을 아는 일과 가능함은 실천적이고, 공공적인 의미에서 '실천적 앎'이 없이도 〔실천하며 있는〕 자유인의 "실천"이 이에 속하는 것이다. 이와 같이 실천철학은 자유로이 선택하는 사람의 실천적 앎das praktische Wissens des frei Wählenden과 아리스토텔레스가 '기술Techne'이라고 부르는 전문인의 습득 능력 사이에서 경계를 짓는 일Grenzziehung

에 의해서 규정된다. 물론 실천철학에서는 인간의 공동생활을 위한 인간 능력의 지분이 본질적인 것이지만, 습득 가능한 수작업의 기술이나 기량이 아닌 시민으로서의 각 개인에게 적절하게 맞는 것과 시민의 '덕'을 완성하는 것과 관계하는 것 또한 실천철학의 본질이다. 그래서 '덕'의 특성을 갖는 좋음을 인간적 토대로 형성토록 하는 교육이든, 또는 깊은 성찰과 방도를 찾으며 모든 행위를 주도하는 명철성(明晳性)이든 간에, 실천철학은 자유로운 선택을 하는 인간의 특성을 의식으로 높이는 것이다. 어떤 경우에든 실천철학은 어떤 것을 다른 것보다 더 좋아하게 되는 관점에서, 다시 말해 선(善)과의 연관에서, 그 실천철학의 앎으로부터 앎과 더불어 책임을 져야 하는 것이다. 그러나 이러한 행위를 인도하는 앎은 그 행위의 본질상 구체적인 상황을 요구한다. 다시 말해 습득하고 통달한 기술이 그 상황에서 사람들의 깊은 생각과 결단의 절제 없이 행위를 선택하는 것이 중요하다. 실천적 앎을 지향하는 실천적 과학은 수학 형태의 이론과학도 아니고, 일의 과정을 알아가면서 섭렵한다는 의미에서의 전문적 앎, 즉 '시학'도 아닌 자기 자신의 방식인 과학eine Wissenschaft eigener Art인 것이다. 실천적 학문은 〔다른 것이 아닌〕 실천으로부터 나와야 한다. 이때 의식된 전형적 일반성들은 모두 함께 실천으로 다시 돌아온다. 바로 이것이 사실상 아리스토텔레스의 윤리학과 정치학의 특수성을 이룬다. 아리스토텔레스의 윤리학과 정치학의 대상은 언제나 변화하는 여러 가지 상황과 행동 양식만은 아니다. 물론 여러 가지 상황과 행동 양식은 단지 그것들의 일반적allgemeinen 규칙성과 평균성Durchschnittlichkeit을 인식으로까지 높일 수 있다. 현실적 인식이라는 성격은 습득 가능한 앎을 오히려 역으로 전형적 구조로——기술Techne과 기능을 익히는 '기능 이론'Kunstlehre을 가질 수 있는 것으로——언제나 반복함으로써 실천이 구체적인 상황으로 옮겨 갈 때에만 가능하다. 그러므로 실천철학은 확실히 '과학(학문)'이기는 하다. 다시 말하자면 보편적 앎이다. 그런 앎이란 그 자체로 가르침이 되지만, 그래도 여러 조건 안에 존재하는 과학이다. 실천철학은 배우는 자에게, 그리고 가르치는 자에게 해답 없는 동일한 실천적 관계를 요구한다. 이러한 점에서 실천철학은 기술적 전문 지식에 가까우나, 철저하게 그 전문 지식으로부터 분리되어 있으며 선에 관한 물음을 묻는다. 이를테면 삶의 가장 좋은 방식에 대하여 묻고 또는 국가의 가장 좋은 틀(헌법)에 대하여 묻는다. 이는 단지 자기의 일이 다른 것으로 대체될 수 있는 기술과 같은 것이 아니다. 즉 만들어진 것이 목적에 헌신하고 있는지를 심판받는 목적과 같은 것은 아니다.

그런데 이러한 모든 것이 해석학에도 적용된다. 해석Interpretation 또는 주석Auslegung 이론으로서의 해석학은 단순히 하나의 이론이기만 하지는 않다. 해석학이 고대로부터 오늘날까지 분명하게 요구해온 것은 해석의 가능성과 규칙과 방법에 대한 해석학의 반성이 〔실제로〕 실천을 위한 직접적인 봉사와 필요에 기여하는 것이었다. 그러나 이와 반대로 예를 들면 지금까지의 논리학 이론은 논리적 사고를 촉진하거나 계산을 필요로 하는 정수론을 넘어서 학문적으로 높은 자긍심을 나타냈다. 그런 까닭에 해석학은 실제로 처음에는 '기능을 익히는 이론', 즉 수사학 정도로 이해됐다. 해석학은 수사학과 비슷하게 인간의 자연적 능력을 개발하는 것이었다. 그러나 이후의 해석학은 인간의 능력을 이해가 깊은 인간과의 사귐의 능력으로 생각하였다. 그래서 헤벨Johann Peter Hebel은 그의 친구 히치히Freund Hitzig에게 보내는 편지에서 신학자에 대하여 말하기를 신학자는 "모든 해석학 중에서 가장 아름다운 해석학을 하며 인간의 유약함을 이해하고 인간적으로 해석하는 것을 훈련한다"라고 했다.

고대 해석학은 무엇보다 이해와 해석의 활동이라는 실천적 부분으로 구성되었고 그리고 적어도 이론적 교과서——고대에는 바로 '기술'이라고 불렀다——가 아니라 실천적으로 보조하는 책이었다. '해석학'이라는 제목을 붙인 책들은 대개 순수하게 실용적이며, 경우에 따라 필요에 의해 사용할 수 있었고, 어려운 곳에 해설을 달아서 난해한 텍스트 이해를 도왔다. 그러나 바로 이러한 영역에서 난해한 텍스트가 이해되고 해석될 수도 있으나, 이에 대한 반성도 따르면서 현재 우리가 생각하는 의미의 해석학이 출현하게 되었다. 무엇보다도 신학의 영역에서는 그렇다.

바로 거기에 가장 중요하고 근본적인 문제가 있다. 예를 들면 아우구스티누스의 《기독교의 가르침에 관하여*De doctrina christiana*》라는 책이 그렇다. 무엇보다도 아우구스티누스가 구약 성서에 대한 자기 입장을 분명하게 하려 할 때, 그는 구약 성서의 교의학적 주장을 명백하게 하는 '이해'의 의미와 관계되는 반성이 꼭 있어야 한다는 것을 알았다. 구약 성서가 왜 기독교의 거룩한 복음을 직접 반영하는 거울이 아닌지, 그리고 기독교의 거룩한 복음의 형식에 맞추어진 논리로 확정될 수 없는지가 신학적 과제로 해명될 수 있어야 했다. 기독교의 윤리론과 모순되는 것들, 이를테면 족장의 일부다처 제도는 더 이상 은유적인 해석으로는 해결될 수 없고 〔보다〕 사실적 해석이 필요하게 되면서 이제 멀고도 낯선 유목 생활의 한 관습으로 여겨졌다 — 이것은 해석의 영역에서 본질적인 차이를 드러낸다. 구약 성서가 초대 기독교와 관련하여 그랬던 것처럼, 종교 개혁 시대에는 성서가 새로운 해석학적 노력의 대상과 해석학적 반성의 계기가 되었다. 로마 시대의 신학에서 지배적이었던 교의학적 성서 해석에서 볼 수 있는 비유적 방법은 이후 성서 의미해석의 전통으로 자리하면서 어디에서나 '신의 말씀'에 의해서 극복되어야 하는 것으로 여겨졌다. '오직 성서만으로sola scriptura'라는 새로운 표어 자체가 해석하기에 곤란한 원리임이 이를 통해 드러났다. 그리고 개신교 성서 해석이 가톨릭 성서 해석의 전통적인 교의학적 성격과 상충되면서 개신교 성서 해석을 위한 또 다른 태도가 필요하다는 것을 깨달으며 이들은 〔개신교에 맞는〕 확실한 교의학적 기준을 만들어야만 했다. 〔달리 말하면〕 이것은 교의학적 결과에 대한 반성을 뜻한다. 이러한 사실은 원문으로 된 성서를 새로이 읽으면서 생기는 교의학적 결과에 대한 반성이기도 하다. 그래서 새로운 원칙 즉, '성서는 성서 그 자신이 해석자이다sacra scriptura sui ipsius interpres'라는 새로운 〔개신교〕 신학적 해석학의 원천이 생기게 되었다. 이것은 단순히 기능을 익히는 이론만이 아니라 동시에 신앙의 가르침도 포함한다.

텍스트 해석에 대한 반성이 단지 해석학적 실천의 어려움으로부터 필연적으로 생기는 것이 아니라, 텍스트의 실제 의미로부터도 생기는 또 다른 영역이 있는데, 그것이 바로 법률학이다. 법률학의 영역에서는 언제나 실천적인 법률문제가 가장 중요하다. 이 문제는 법 조문의 해석Auslegung에서, 그리고 그 법률 해석을 재판의 여러 판결에 적용Anwendung하는 경우에서 생긴다. 이것은 모든 법의 기술Rechtskunst과 법학의 통합적인 계기인 법률의 보편성을, 법정에 계류되어 있는 사건의 구체적 자료와 매개하는 일이다. 이러한 어려움은 특히 법조문이 더 이상 법의 경험으로부터 직접적인 결과

물로 얻은 것Niederschlag도, 사회적 삶의 현실성에서 나온 것도 아닌, 전혀 다른 종류의 사회적 현실성을 역사적 유산으로 받아들여야 할 때 한층 더 증대된다. 법의 적용이 곤란하게 되는 까닭은 언제나 법규가 구식이 되어버리는 경우다. 법의 어려움은 의미 있는 해석을 위해서 현실에 맞출 것을 요구받는 데 있다. 그래서 모든 법의 일반적 해석학의 계기가 수용에 관해서 변론하는 판결로 보강된다. 특히 현대 유럽에서는 로마법을 수용하면서 보강한다. 그러나 이러한 소송 절차가 아무리 그 수용을 평가한다 할지라도, 그리고 로마적 편견의 탈신화화가 어느 정도 현재에 정착되었다 할지라도, 법의 육성을 과학화하는 소송 절차는 알프스 북쪽의 로마-이탈리아 법의 기능을 수용하면서 근대의 특수한 역사적 조건 아래에서의 영역으로 재해석되는 훈련과 이론적 성찰을 추구하기에 이른다. 한 예로 유스티니아누스 황제법에서 볼 수 있는 황제의 예외 규정lege solutus(법에서 자유롭다)에 대하여 오래전부터 논쟁이 있었을 뿐만 아니라 근대의 변화된 상황에서 끊임없이 해석학적 고리가 형성되었다. 법의 이념은 〔일반적으로〕 평등 이념을 함축한다. 만일 군주가 법률 아래에 거하지 않고 법의 적용을 넘어서 자유로이 결단한다면, 모든 해석학의 근거가 파괴될 것이 분명하다. 여기에서 보여주려는 것은 법률의 올바른 해석이 단순히 기능을 익히는 이론이나 또는 법조문에서 〔개별적 사건을〕 포섭하는 일종의 논리적 기술이 아니라, 법이념의 구체적 실천이라는 것이다. 법률가의 역할은 법을 가꾸는 것이다.

그러나 이와 전혀 다른 방향에서도 적지 않은 긴장이 있었다. 사람들은 이를 극복하기 위해 해석학이 필요했다. 인문주의의 새로운 출현으로 위대한 라틴과 그리스 고전주의자들은 고차적인 인간 문화의 모범으로 새로이 창조되었다. 특히 이들은 스콜라 시대의 라틴에 비해 훌륭한 문체론을 가지고 무엇인가 새로 찾아나갈 것이 많았던 고전 라틴으로 돌아가고자 했다. 하지만, 이 회귀는 대체로 그리스로의 회귀였다 ── 구약 성서의 경우에는 히브리로의 회귀였다 ── 그러나 이 회귀는 '해석학Hermeneutica'이라는 이름으로 수없이 많은 보조적인 지식을 엮어놓은 문법, 사전, 책 그리고 실제 생활의 기능에 관한 여러 가지 실천적 해석학의 도움만을 요구하는 것은 아니었다. 고전주의자들은 단순히 이런 요구만이 아니라 근대 자의식이 문제 삼았던 개별적spezifische 모범의 상(像) 또한 요구했다. 그 유명한 '신구 논쟁'[27]이 고전주의자들 쪽에서 보면 해석학의 전기 역사die Vorgeschichte der Hermeneutik에 속하며, 바로 이 해석학의 전기 역사가 인문주의의 이념에 대한 해석학적 반성을 일깨워주었다. 이 신구 논쟁을 역사적 의식을 각성하는 전초로 여기는 것이 정당하다면, 해석학은 단순히 이해의 숙련을 도와주는 일만이 아니라, 그리고 하나의 단순한 기능을 익히는 이론일 뿐 아니라,

동시에 기능 이론을 이해하는 바로 그것이 함께 책임져야 할 모범의 상까지도 만들어가는 것이어야 했다. 이것이 해석학의 다른 측면이다.

해석학의 자기 이해와 '기능을 익히는 이론'은 매우 모순적이다. 해석학은 단순한 기능을 익히는 이론 그 이상의 것을 가진다. 해석학은 그러한 면에서 실천철학과 매우 다방면으로 근사하다. 해석학이 실천철학으로서 본질적인 자신과의 관계에 참여하는 면에서 그렇다. 예를 들면 윤리학은 바른 생활의 이론이지만 해석학은 살아 있는 인류으로서 그 삶의 구체성을 동시에 전제한다. 그것이 성서이든지, 법조문이든지, 또는 예술작품을 문제 삼든지 간에 〔해석학은〕 전승(傳承)을 이해하는 기술까지도 그 작품을 인정할 것을 전제로 하기보다는 작품의 전승을 생산적으로 계속 만들어가고자 한다. 고대 해석학이 규범적 '텍스트'로 여전히 한정되는 한, 고대 해석학은 전통적 철학의 문제 개념 안에서 결코 중심적인 관점을 만들어내지 못했다. 이러한 면에서 보면 고대 해석학은 오늘날의 철학적 의미에서의 해석학과는 상당히 거리가 있다. 그렇지만 〔오늘날〕 해석학은 종교적인 원문서와 법조문과 외국어를 사용하는 고전 작가들이 한 것처럼 단지 개별적인 영역에서만 고귀함Höhe과의 간격을 극복하고, 또 먼 옛날과의 〔시간적〕 간격을 메우는 것만이 아니라, 지금까지의 역사적 전승 전체를 그러한 간격 안으로 밀고 들어가

보다 강력한 철학적 문제의식을 낳았다. 이러한 일은 위대한 전통을 통해서 일어나는데, 이 위대한 전통Traditions이 프랑스 혁명으로 표출되었다. 유럽의 문명은 여러 국민의 문화로 분열된다. 이러한 새로운 변화를 토대로 하여 지속적으로 작용하는 기독교 유럽 세계 국가의 공동의gemeinsam 전승은 선택된 모범으로, 동경으로, 가득한 향수의 목적으로, 종국에는 역사적geschichtlich 앎의 대상으로서, 그 자명한 타당성을 상실하기도 하면서 새로운 방식에 의해 의식 일반이 되었다. 바로 이것이 어떤 보편적universal[28] 해석학의 시간이었고, 이것을 통해서 역사적 세계의 〔해석학적〕 보편성Universum이 전개될 수 있었다. 왜냐하면 이미 지나가버린 것 자체는 낯선 것이 되어버리기 때문이다. 옛 전승Überlieferung과 다시 만나는 모든 것은 이제 더 이상 단순히 자기 소유가 아니다. 전승과의 다시 만남이란 옛것을 받아들인 것과 똑같이 자신의 것을 첨가하듯 자명한 것이 아니라, 현재와 과거를 분리하는 그 계곡에 다리를 놓아야 하는 것이다. 그리하여 낭만주의는 사실적인(史實的)historische[29] 의식의 선각자가 되었다. 낭만주의 근원으로 되돌아간다는 것은 일반적 표어allgemeine Parole 일 뿐, 우리의 과거의 역사상이 전혀 새로운 토대 위에 만들어지는 것이다. 여기에 아주 깊은 해석학적 과제가 있다. 자신의 관점이 저자의 관점과 다르고 과거 텍스트의 의미와 다르다는 것을 승인한다면, 오래된 텍스트의 의미를 오해하지 않으면서 나아가 텍스트의 설득력을 현실적으로 이해하기 위한 어떤 특유의 노력이 필요하다. 주어진 텍스트의 내적 구조와 주요 내용을 단순히 기술하고 저자가 말한 것을 단순히 재생하는 것은 결코 현실적 이해가 아니다. 사람은 자신의 새로운 언어로 텍스트가 말하는 것과 친밀해져야 한다. 그러나 작가가 텍스트에서 말하고자 하는 것을 현실적으로 분명히 이해하고자 한다면, 텍스트의 바탕에 있는 문법적 규칙과 문체의 방법, 구문상의 기교도 파악해야 하지만 모든 이해의 중심은 텍스트를 말하는 자와 우리가 그것의 고유한 이해 사이에서 성립하는 사태와 연관을 시켜야만 한다.

후기 낭만주의 시기는 해석학적 방법을 발전시켰음에도 이해의 요점은 진실로 충분하지 못했다.

기능을 익히는 이론 전통에서 나오는 자기 이해는, 무엇보다 역사적 의식으로 밝혀진 소외의 경험에 직면했다. 그렇기에 텍스트와 서로 소통하면서 비판적 능력을 배워나간다.

이러한 자기 이해는 귀납법적 과학으로 증대된 논리적 자기의식에 의해 강력하게 뒷받침되었다. 〔대부분의〕 사람들은 자연과학의 위대한 규범을 쫓으려 했고, 자연과학이 모든 주관적 전제를 배제하듯이 해석학도 그런 입장을 취했다. 그래서 자연 연구에서 모든 사람들이 음미할 수 있는 실험이 검증을 기초로 하듯이, 텍스트를 해석하는 경우에도 검증 가능한 방법을 적용하려 했다. 유사한 것을 수집하는 성서 주석의 낡은 방법도 이제 사실적이고 비판적이고 세련되었다. 해석학적 방법론은 역사에 대한 낭만주의의 관심을 과학적으로 비호하고, 이러한 바탕에서 끊임없이 자연과학의 방법론과 비교해나갔다. 해석학적 방법론의 대상은 전승으로 이어온 텍스트인데 이것이 자연 연구에서 관찰하는 자료처럼 취급되었다. 이 같은 새로운 비판적인 문헌학적 자기 이해는 슐라이어마허Friedrich Schleiermacher의 일반 해석학[30]과 변증법을 구분하는 일과 합치하고, 신학적 영역에서의 신앙 이론에 관한 해석학적 기능 이론과 합치한다. 이 같은 새로운 비판적 문헌학적 자기 이해는 사실적 관심으로는 충분하지 못하다는 사실을 위대한 사가들, 이를테면 랑케Leopold Ranke와 드로이젠Gustav Droysen은 알고 있었다. 그들의 비판적 연구 안에서 살아 숨 쉬었던 신학적 열정과 (비판적 문헌학적 자기 이해는) 일치하지 않았다. 랑케와 드로이젠이 피히테Johann Gottlieb Fichte, 훔볼트, 헤겔로 이어지는 데는 그 나름의 이유가 있다. 그러나 낭만주의 학파의 유산을 개념화한 딜타이Wilhelm Dilthey까지도 실천철학의 고대 전통을 더 이상 근본적으로 계승하지는 못했다. 해석학과 실천철학을 연관해서 보는 눈이 〔그에게는〕 없었던 것이다.

이와 같이 우리의 문화를 의심과 철저한 비판의 전체로 als ganze 보고서야 비로소 우리는 해석학을 해석학적 보편성 Universal의 의미에서 알게 되었다. 바로 이 점에서 해석학은 해석학적 차원에서 보편성universal의 의미가 문제되었다. 해석학적 보편성의 의미란 해석학이 확실한 내적 논리를 갖는다는 의미이다. 특히 니체에게서 볼 수 있듯이, 해석학은 회의에 철저했다. 〔그러나〕 우리 문화의 모든 현상 영역에서 서서히 증대되는 이러한 영향은 이를 충분히 실현해나가기에는 그 깊이가 충분하지 못했다. 예를 들면 철저하게 인간의 의식을 확증하기 위한 니체의 회의가 없었다면 정신분석(학)은 전혀 상상할 수가 없었을 것이다. 예를 들면 니체는 자기의식을 모든 확실성의 움직일 수 없는 궁극적 기초로 본 데카르트보다 더 심원하고 더 철저하게 의심할 것을 요구했다. 자기의식이 환상이라는 것, 자기의식이 우상이라는 것은 니체의 새로운 발견이었고, 현대는 이 모든 것을 관통하는 니체의 영향으로부터 시작한다. 이에 따라 '해석'이라는 개념은 보다 넓고 깊은 보편적 의미를 요구했다. 해석이 의미하는 것은 〔이제〕 어려운 텍스트의 난해한 본래의 생각을 분석하는 것만이 아닌, 명백한 현상과 소여성의 배후로까지 되돌아가야 한다는 것이다 —— 의식과 자기의식을 인정하는 것만이 아니라(이는 정신분석학의 경우다), 제 과학이 요구하는 과학적 객관성을 순수 이론으로 인정하는 것 역시 과학의 중립성을 의심했던 소위 이데올로기 비판에 의해 그 배경이 문제가 된다. 뿐만 아니라 마르크스주의의 명백한 요구로 보다 내적 필연성을 가진 과학의 이론적 학설이 주도적으로 사회 계급의 관심을 반영하기에 이른다. 특히 기업가의 관심과 자본의 관심을 반영하기도 한다. 마르크스주의의 요구 가운데 경제적이며 사회적인 삶의 여러 현상을 이해하는 것이 중요하기에 시민 문화의 자기 해석의 배후로 되돌아가는 것 또한 중요한 일로서, 시민 문화의 자기 해석은 과학의 객관성에 기초하기에 이른다. 그 밖에 이전 세기에 나온 '해석'이라는 개념의 철학적 경로는 그 철학적 근거의 전통적 개념에 대한 불신을 잘 정당화했다. 전통적 개념들은 그 개념이 의미하는 것처럼 그렇게 자명한 것도 아니고 그렇다고 전제가 없는 것도 아니었다. 철학적 문제를 일정한 방식으로 미리 각인시켜 주는 이들 개념 안에 함축된 선-이해는 철학적 사고만을 도식화하는 것은 아니다. 우리의 모든 문화적 생활은 사고의 가장 오래된 존재론적 유산인 그리스 철학에서 나온다.

하이데거가 존재 개념으로 그리스의 사색가가 사용한 자명성을 열어 보인 것은 그의 위대한 공로이다. 특히 존재 개념하에서, 근대 사유가 전혀 밝히지 못한 근대 철학의 원리로 제시된 자의식의 개념이 어떻게 형성되었는지를 하이데거는 명백히 밝혔다. 하이데거의 '형이상학은 무엇인가'라는 유명한 강연에 따르면 전통 형이상학은 바로 존재 자체에 대한 물음이 아니라, 이와 반대로 이러한 물음을 은폐해버리고 그 대신에 존재자의 개념으로부터 형이상학의 구조물을 세운 것이다. 하이데거의 '형이상학은 무엇인가'라는 물음의 현실적 의미는 실제로 오직 해석의 새로운 개념에 의해서만 이해될 수 있다. 이 강의 논제를 단어 하나하나 깊이 생각해보면, 그리고 현재 '있음ist'이라는 말의 비밀스러운 어조 Betonung를 감지한다면 이는 더욱 분명하다—'형이상학은 무엇인가'라고 묻는 것은, 형이상학이 자신을 이해하는 것이라는 주장과는 반대로, 형이상학은 현실적으로 무엇으로 있는가를 묻는 것이다. 철학의 물음이 형이상학이 되었다는 사실은 무엇을 의미하는가. 그리스의 사색가가 머리를 높이 쳐들고 신비로운 종교적인 삶의 구속으로부터 자유로워진 것은 무엇 때문인가? 즉 왜 현재 있는가? 현재 있는 것은 무엇인가? 그리고 어디에서부터 무엇이 존재되는 것인가? 이러한 일어남의 의미는 무엇인가? 만일 형이상학적 사유의 시초가 일어나는 것이 무엇인가를 묻는 의미에서 '형이상학은 무엇인가?'라는 물음을 이해한다면, 하이데거의 물음은 해석된 새로운 개념의 예로서 비로소 도전적인 힘을 갖게 된다.

여기에서 해석의 새로운 개념과 해석학의 일관성 있는 방식이 명백해지며, 아직도 전체적으로 이해된 해석학적 이론의 경계를 분명히 넘어선다. 이 개념은 이해와 자기 이해라는 전혀 새로운 개념이다. 아주 재미있는 현상은 이 '자기 이해'라는 표현이 오늘날에는 정말 유행어가 되어 시사적인 정치적 논의와 사회적 논의에서도 자주 사용되고 소설 작품에서까지도 나타난다는 것이다. 이 말은 〔이제〕 표어가 되었다. 〔자기 이해라는〕 이 말은 종종 무엇이 빠져 있고 무엇이 있어야 하는가를 드러낸다. 불확실하게 된 자기 이해이기에 누구나 그것에 관하여 〔자기 나름〕 말하기 마련이다. 이 말이 처음 어떻게 생겨났는가 하는 것은 곧 이 말의 역사를 말한다. 자기 이해라는 표현은 피히테에 의해 처음으로 중요한 어휘로 강조되었다. 피히테는 칸트의 신봉자임을 자인하며 칸트 철학을 자신의 '과학론(지식학)'으로 이성적이고 확실하게 해석하고자 했다. 사색가에게 요구해야 할 것은 일관성 있는 논리이다. 사고를 전개하는 철저한 일관성의 논리에서만 철학자는 순수한 자기 이해에 도달할 수 있다. 그러나 피히테의 시선에서 보면 자기 자신의 사유와 전적으로 모순 없이 참이어야 하는 유일한 가능성만이 있어야 한다. 우리의 사유가 정당하다는 사실을 밝히려 한다면 그 모든 것을 자기의식의 잠재력으로부터 도출하고 근거 지어야 한다. 만일 칸트가 자기의식의 이론과 오성의 기본이 되는 개념의 연역, 즉 범주와 나란히 감성에 의해 촉발되는 정신으로 '물자체'를 수용했다고 한다면, 그는 사색가가 아니라 무례한 망나니나 미숙한 머리를 가진 자라고 해야 할 것이다. 피히테에 의하면 참(합치)으로 여겨지는 모든 것이 행위로 나와야 자명하다. 물론 피히테가 이것을 통해서 생각하는 것은 하나의 정신적 구성이며, 19세기 철학의 저변에서 맴도는 유아론(唯我論)의 불합리한 개념과는 아무런 관계가 없다. 구성도, 산출도 자기의식의 내적 자발성과 자기의식의 자기 전개를 기술하는 초월론적 개념도 그에게는 단지 이런 방식으로 존재하는 사유의 현실적인 자기 이해일 뿐이다.

오늘날 자기 이해에 관한 이러한 개념은 다 해체되었다. 세계에 대한 앎의 총화(總和)Summe인 전체성이, 그리고 '과학'의 총화인 전체성이, 완성된 자기 이해에 도달할 수 있다고 피히테와 헤겔이 주장하는 것은 정말 허황된 공명심이 아닌가? 피히테 철학의 기본 저서로도 유명한 '지식론'이 이러한 주장을 잘 보여준다. 그러나 그의 '지식론'은 오늘날 '과학철학'이라고 불리는 것과는 아무런 관계가 없다. '지식론'은 오히려 앎을 총괄하는 학이며, 세계 내용의 모든 것을 도출하여 자기의식이 되는 보편과학학문Universalwissenschaft이다. '지식론'은 지난 세기에 우리가 경험했던 철학의 새로운 근거 설정의 특색을 가진다. 이제 우리는 과학학문이라는 의미를 더 이상 완벽하게 파악할 수 없을 뿐만 아니라, 자기 이해의 의미도 달리해야 한다는 새로운 통찰적 성격을 가진다. '자기 이해'는 더 이상 완전히 자기 통찰에 의해서auf eine vollständige Sebstdurchsichtigkeit hin 주어지는 것이 아니다. 다시 말해서 자기 이해는 우리 자신에 의해 완성된 현재die volle Gegenwart와 관계하는 것이 아니라, 자기 이해는 언제나 명백한 불가능성을 완성해가는 도중에 있다. 밝혀지지 않은 무의식의 전체 차원이 있다면, 우리의 행위, 소원, 충동, 결단과 행동 방식 모두가 인간적이고 사회적인 생활 전부가 어둡고 가려진 동물적이고 무의식적인 충동 전체의 차원으로 되돌아간다면, 그리고 우리가 의식한 모든 생각이 가식일 수 있다면, 또 우리의 생명의 에너지 또는 사회적 관심이 그들의 목적 추구의 무의식적인 변명이라 한다면, 뿐만 아니라 한층 잘 알려져 있고 자명한 모든 통찰들이 이러한 회의 속에 있는 것이라 한다면, '자기 이해'는 분명 우리 생활의 자명한 자기 통찰성이라 할 수가 없다. 우리는 여러 가지 동기와 어두운 성향을 전적으로 밝혀낸다는 모든 환상을 포기해야만 한다. 그러나 우리는 무의식적으로 밝혀지고 인간적으로 경험하는 이러한 새로운 영역을 단순히 지나쳐버릴 수는 없다. 여기에서 방법적인 연구가 출현한다. 이 연구는 정신분석학자가 의사로 등장하는 무의식의 영역에서만이 아니라 마르크스주의가 밝힐 것을 요구했던 지배적인 사회 편견의 세계에서도 마찬가지다. 정신분석학과 이념 비판은 계몽주의의 한 형식이다. 정신분석학과 이데올로기 비판은 '자기가 타고난 미성숙함의 상태로부터 탈출'이라는 칸트의 계몽주의 표제처럼 계몽주의의 해방적 위임에 근거를 두고 있다. 그러나 우리가 이 새로운 통찰이 미치는 범위를 검토코자 한다면, 전통적 방식을 검토하지도 않은 어떤 전제들이 그 새로운 통찰 안에서 계속 작용을 하고 있는지 비판할 수 있도록 우리는 확실하게 밝혀야만 한다. 인간적 삶의 운동 법칙이 정말로 진보의 개념으로, 알지 못하는 것으로부터 아는 것으로 지속적으로 앞으로 나아가는 그런 개념으로 생각할 수 있는 것인지 아닌지, 그리고 인간 문화의 길이 신화에서 계몽주의로 직선적으로 진보하는 것인지 아닌지 하는 질문을 우리는 반드시 해보아야 한다. 왜냐하면 인간적 삶의 운동은 끊임없는 내적인 개명과 은폐를 자기 자신 안에 가지고 긴장하며 있기에 사실상 과학의 본질로 구성된 그 진보의 개념이 인간 생활 전체로 그리고 인간 문화 전체로 나아간다는 사실이 실제로 현대인의 편견일지도 모른다는 질문을 꼭 해보아야 한다. 〔다시 말해〕 우리는 '진보'가 과학의 특수 영역에서 그렇듯이, 인간 생활의 여러 조건과도 전적으로 일치하는지 아닌지를 진지하게 물어보아야 한다. 점점 더 향상되고 완성된다고 여기는 계몽주의의 생각은 오히려 모호한 것이 아닌가?

오늘날 우리가 해석학이라고 부르는 것의 의미, 다시 말해 그 과제와 한계를 인정하려면, 우리는 철학적이며 인간적인 배경을, 그리고 자기의식의 정당성에 대한 근본적인 회의를 확실히 해야만 한다. '해석학Hermeneutik'이라는 말과 그 해석학과 상응하는 '해석'이라는 말은 이미 확연한 방식으로 시사점을 준다. 왜냐하면 해석이라는 말은 어떤 사실을 주어진 모든 조건으로부터 이끌어내어 완전하게 설명하기를 요구하며, 그 주어진 사실을 모든 조건의 소여성으로부터 산출하고 가공적으로 처리해서 도출해내는 것을 배우는 것——

이것이 바로 잘 알려진 자연과학 인식의 이념이다 —— 이기도 하다. 그러나 또 다른 측면에서 해석의 개념은 해석이 단지 가까이 다가가는 것으로, 동의할 수 있고 풍요롭기는 하나, 명백한 방식을 취하면서도 최종적인 것을 추구하지 않는다고 전제하듯이, 자연과학 인식의 이념과 해석의 개념 사이에는 아주 예민한 차이가 있다.

최종적 해석이라는 말은 그 말 자체 안에 모순이 있다. 해석이란 언제나 과정 중에unterwegs 있다. 동시에 해석이라는 말이 인간 존재의 유한성 그리고 인간의 앎의 유한성을 가리킨다면, 해석의 경험은 그리스 시대의 자기이해[31]에는 없는 어떤 것을 내포한다. 해석학은 특수한 영역에 같이 참여하는 어떤 것으로, 이전의 해석학은 난해한 텍스트 안에 있는 어려움을 극복하기 위해서 사용하는 어떤 기술을 내포하고 있었다. 그 당시에 해석학은 기능을 익히는 이론으로 이해되기도 했다 —— 그러나 이제 그러한 이해는 더 이상 지속되지 않는다.

만일 우리가 완전히 통찰한 텍스트, 또는 완전히 알아챈 관심을 텍스트 일반으로 설명하고 새로이 이해하는 것이 없다고 한다면, 기능을 익히는 기술이나 해석의 이론과 연관되는 모든 관점은 혼란에 빠진다. 따라서 어떤 문제에서 그 의사 표시의 내용을 명백하게 해설하는 것보다 더 중요한 것은 우리가 주도하는 관심을 알아내는 것이다. 현대 해석학의 풍요로운 통찰 중 하나는 모든 의사 표시는 물음에 대한 하나의 대답으로 보아야 한다는 것이다. 의사 표시를 이해하는 유일한 방법으로 존재하는 것이 물음이다. 그리고 그 물음으로부터 보면 의사 표시가 하나의 대답이다. 물음 안에는 의미 선행적 방향이 있다. 이는 철저하게 그 뒤에 근거를 둔 여러 동기와의 싸움에서 얻어지는 것이 아니라, 이어서 나아가는 의미 연관들을 파악함으로써 얻어진다. 이 의미 연관은 물음을 통해서 파악되며 의사 표시 안에 이미 함께 있다.

전통적 해석학과 대면하여 생겨나는 최초의 규정은 철학적 해석학이 대답보다는 물음에 관심이 더 많다는 것을 인정하는 일이다. 좀 더 적절하게 표현하자면, 철학적 해석학은 의사 표시를 질문에 대해 적절한 이해를 했다는 것으로 해석한다는 것이다. 그러나 그것만이 전부는 아니다. 우리가 이해하려고 노력하는 것은 무엇으로부터 시작하는가? 왜 우리는 자유로이 열려 있는 자기 해석들에 대한 회의를 포함하여 텍스트 이해에 대해서 또는 세계 경험에 대해 관심을 가지는가? 이에 대해 우리는 자유로운 선택을 하고 있는가? 거기에서 선택하는 이가 바로 우리인가? 우리가 일정한 일들을 규명하고 해석하려고 시도할 때 우리는 과연 자유로운 결단을 하고 있는 것이 사실인가? 자유로운 결단은 가능한가? 편협하지 않고 아주 객관적으로 노력하는 것이 있을 수 있는가? 적어도 신학자는 이에 대해 아마도 반대 의견을 개진할 것이다. 그리고 말할 것이다. "오, 아니, 성령에 대한 우리의 이해는 우리가 자유롭게 선택해서 오는 것이 아니다. 이는 은혜의 행위이다. 그리고 성서는 인간이 분석할 수 있는 것이 아니며 예배는 〔신에 대한〕 의지 없이 하는 것이 아니라, 복음은 〔신이〕 나를 향해서 말하는 것이다. 우리가 요청하는 것은 객관적 의사 표시나 객관적 의사 표시 전체가 아니라 〔신이〕 나에게 말 걸어오는 특별함을 내포한다." 내가 생각하기에 전승되어온 텍스트를 해석할 때 자유롭게 결단한다는 지금까지의 생각에 대해 의심을 품는 이는 단지 신학자들만은 아니다. 결단을 내리는 것은 의식적이든 무의식적이든 우리의 관심을 규정하는 것이 그 안에 있다. 그래서 우리는 왜 텍스트가 우리의 관심을 불러일으키는지 항상 자문해야 한다. 텍스트가 우리에게 사실을 알린다는 것은 결코 대답이 될 수 없다. 우리는 그와 반대로 의심나는 사실의 이면으로 돌아가서 사실에 대한 우리의 관심을 깨우치고 또 의식해야 한다. 사실은 진술에서 만나며, 모든 진술은 대답이다. 그러나 이것이 전부는 아니다. 모든 진술은 물음에 대한 대답이고, 물음은 바로 그 자신에 다시 동기를 부여한다는 면에서 모든 질문은 대답이기도 하다. 물음은 밝혀내고자 하는 요구에 대한 대답인 것이다. 의미 기대와 널리 확산되어 있는 의견들 사이에 내적 긴장이 없다면, 그리고 일반적으로 지배적인 의견들에 대한 비판적 관심이 없다면, 질문이란 있을 수 없다.

특히 의사 표시를 이해하는 경우, 동기를 유발하는 질문으로 되돌아가기 위한 해석학적 노력의 첫걸음은 특별한 기교적인 방법이 아니라, 바로 우리 모두의 일반적 실천이다. 만일 우리가 어떤 물음에 대답해야 하는데 그 물음을 정말로 이해할 수 없다면, 다시 말해서 다른 사람이 알고자 하는 것을 정말 우리가 알지 못한다면, 우리는 분명 그 질문의 의미를 더 잘 알려고 노력해야만 한다. 그래서 그것을 왜 묻는지 우리는 다시 물어야 한다. 사람들은 질문을 하는 동기를 이해하고 나서야 비로소 그 답을 찾으려고 할 것이다. 물음 속에 들어 있는 그 여러 전제에 대하여 생각한다는 것은 전혀 기교적으로 짜 맞추어져 나오는 것이 아니다. 만약에 그 전제들을 생각하지 않는다면 그것이 오히려 기교적이다. 표현하는 말이 하늘에서 온다거나, 그리고 그 말이 왜 표현되었고 어떠한 방식으로 그것에 대해 답하는지를 전혀 고려하지 않고 분석 작업에 들어간다는 것은 매우 기교적인 짜 맞춤이다. 이것이 해석학에서 요구하는 첫 번째이자 근본적인 요구이며, 무한히 반복 확대되는 요구이다. 이것은 철학과 신학에서만이 아니라 모든 순수한 연구에서도 일반적으로 요구되는 것으로 여기에서 해석학적 상황 의식이 드러난다. 만일 우리가 어떤 물음에 다가가고자 한다면, 바로 이 물음이 첫 번째 목적이어야만 한다. 이를 일상 경험의 언어로 요약하자면, 우리는 질문을 받았을 때 그 질문 뒤에 무엇이 있는지를 이해해야만 한다. 감추어진 전제들을 안다는 것은 제일 먼저 무의식적 전제들을 단지 정신분석의 의미로 밝히는 것이 아니라, 이야기되는 질문 안에 있는 불확실한 전제들과 불확실하게 함축되어 있는 것을 의식하는 앎이다.

방법적 해명을 위해 중요한 것은 해석학적 상황을 밝히는 일이며, 이때 몇 가지 독자적인 것들이 있다. 먼저 주된 견해는 이러한 문제의 무한성을 시인하는 것이다. 자기가 하려는 것과 자기가 묻고자 하는 관심이 있는 것들에 대하여 그때마다 완벽한 해명을 요구한다는 것은 불가능한 일이다. 그럼에도 관심의 바탕을 이루는 것이 무엇인지를 가능한 한 밝히려는 것은 정당한 과제이다. 이때에만 우리는 우리가 문제 삼는 말을 이해하는 어떤 견해를 가지게 되고 우리 자신의 물음을 다시 인식하게 된다.

이와 더불어 문제되는 것은 의식하지 못한 것과 함축적인 것이 우리가 의식하는 인간적인 자각Existenz과 단순히 반대되지 않는다는 것이다. 이해의 문제는 우리의 관심을 불러일으키는 무의식적이며 가장 내적인 근거까지 들어가서 밝히는 것은 결코 아니다. 무엇보다도 우리가 해석학적 관심을 통해서 보여주는 방향과 한계에서 이해하고 분석하는 것이 이해의 문제이다. '대화 공동체'의 의사소통하는 상호 주관성이 근본적으로 파괴되고, 그 결과 우리가 생각했던 의미와 공동적인 의미가 완전히 의심받게 되는 아주 드문 경우에,

정신분석학자가 능력을 발휘하는 어떤 관심 방향의 한 부분이 동기를 부여할 수도 있다――그러나 바로 이것이 해석학적 한계상황이기도 하다. 모든 해석학적 상황은 의미에 대한 회의를, 나아가 의미 배후에서의 이러한 한계를 첨예화할 수 있다. 내가 보기에 만일 정신분석학 연구가 한계 문제를 자신의 과제로 삼지 않는 경우, 즉 무의식의 충동과 의식된 동기와 결단 사이에서 삶이 항상 같은 균형 방식으로 있다고 여기는 근본적 견해에서 벗어나지 않는 경우, 정신분석학적 연구는 그 정당성과 의미를 잘못 평가할 수 있다. 무의식의 경향과 의식된 여러 동기 사이에서 성립하는 완전한 합치가 완전히 성립하는 것은 아니다. 그러나 모든 규칙에서 완전하게 은폐하는 것도, 완전하게 꾸며놓는 것도 문제 되지 않는다는 것은 옳은 일이 아니다. 누가 자기 자신을 잘못 생각해서 더 이상 알려고 하지 않는다면, 그리고 의사의 말을 믿지도 않고 공동적 분석 작업으로 좀 더 깊이 있게 자기 자신의 무의식의 배후를 밝히려고도 하지 않는다면 이는 분명 병의 징후가 있는 것이다――이러한 일은 잃어버렸던 것을 다시 찾고자 하는 목적에서 이루어진다. 다시 말해 자신의 본래성 Naturheit과 우리 모두의 의식성과 언어 사이에서 균형을 다시 얻을 목적으로 하는 것이다.

무의식적인 것은 함축된 의미에서 해석학에서 다루는 정상적 대상이다. 그러나 이것이 의미하는 것은 이해의 과제가 하나의 한계 과제라는 것이다 ―― 이 한계는 저항에 의해서, 의사 표시 또는 텍스트에 의해서 주어지고, 마지막으로 의사소통의 의미를 다시 얻으면서 끝난다. 이것은 마치 대화에서 의견의 다양성이 밝혀지고 오해가 밝혀지는 것과 같다.

해석학적 철학은 이러한 해석학적 경험의 본래적인 영역에서 이러한 조건들에 대한 해명을 시도하며, 해석학이 실천철학과 가까운 유사성이 있음을 보여준다. 해석학과 실천철학의 가장 가까운 유사성은, 이해가 바로 행위처럼 언제나 용단을 내리고 결코 자신의 보편적 법칙을 앞서 표현된 것 또는 이미 주어진 텍스트의 이해에 적용하는 것을 허락하지 않는다는 데 있다. 더 나아가서 해석학과 실천철학은 이해가 이루어지는 바로 그곳에서 이해가 내재화되고 있으며, 이 내재화는 하나의 새로운 경험으로서 우리 자신의 정신적 경험의 전체로 들어온다는 것이다. 〔그런 의미에서〕 이해는 모험이며 모든 모험과 같이 위험하기도 하다.

해석학적으로 다룬다는 것은 그때 언급된 것을 또는 거기에 현존하는 것을 바로 파악하려고 하는 것만으로는 충분하지 않기 때문이 아니라, 우리의 주도적 관심과 물음으로 돌아가려 하기 때문에 자연과학의 방법이 도달한 것보다 훨씬 안전성이 부족하다는 사실을 철저하게 고백해야 한다. 그러나 이해가 하나의 모험이라고 인정한다면 여기에는 특별한 계기가 주어진다. 우리의 인간적인 경험과 자기 인식이 우리의 세계 지평을 넓히는 특별한 방식에 더 부가적으로 주어진다는 것이다. 왜냐하면 이해를 매개하는 이 모든 것은 우리와 함께 매개되기 때문이다.

더 중요한 점은 저자의 정신mens auctoris 또는 텍스트의 내용, 텍스트를 읽는 자와 그 이야기를 듣는 자의 열려 있는 심리학적 모든 요인도, 이해의 현실적인 과정에서 본질적인 것을 만나지 않는 한, 이러한 전기 해석학[32]적 중요 개념들은 자기를 향한 의사소통의 한 과정이며, 더 나아가 텍스트와 자기 자신 간의 규정된 경험 사이에서 증대하는 신뢰성의 과정이라는 사실이다.

우리의 모든 이해가 언어적 체제 안에 있다는 것은, 의미의 애매함이 말 하나하나로 분절되어 언어적 체제에 의하여 소통될 수 있다는 것을 말한다. 이해의 언어성에 근거를 둔 모든 이해의 공동성은, 내가 보기에 해석학적 경험의 본질적 핵심이다. 우리가 공동 언어를 말하고 동시에 우리의 세계 경험의 공동성에서 활동할 때, 우리는 끊임없이 공동적 전망을 형성한다. 바로 이것은 저항의 경험에 직면할 때 입증된다. 이를테면 토론에서 입증된다. 공동 언어를 찾게 되면 토론은 풍요로워진다. 토론에 참여한 자들은 토론 이후 변화되어 헤어진다. 토론에 참여한 각각의 개별적 양상이 변화한다. 그들 자신이 변화하는 것이다. 그것이 바로 일종의 진보이다. 물론 연구의 진보라든가 진보 후에 후퇴가 있을 수 없는 진보가 아니라, 언제나 다시 삶의 긴장 속에서 새로워지는 진보이다.

우리는 바람직한 토론의 작은 그림을 그려볼 수 있다. 내가 왜 지평 융합을《진리와 방법》[33]에서 이론으로 전개했으며, 내가 왜 대화의 상황을 풍요로운 모델로 생각했는지를, 그리고 어디에서 침묵의 텍스트가 해석자의 물음을 통해서 비로소 말하게 되는지를 나는 이 책에서 정당화했다.

내가 철학적 해석학이라고 이름 붙인 해석학은, 해석과 분석의 새로운 방법을 제시하고자 하는 것이 아니다. 해석학은 기본적으로 언제나 일어나는 일이며 특히 해석을 입증하고 해석이 이루어질 때 언제나 생기는 일이다. 중요한 것은 기능을 익히는 이론을 문제 삼는 것이 결코 아니고, 어떻게 이해가 있어야만 하는가를 말하려는 기술 이론도 아니다. 우리가 받아들여야 하는 것은 현재 있는 것이고, 또 우리의 이해로는 증명되지 않는 전제들이 언제나 작용한다는 사실이다. 이것을 우리는 변경할 수 없다. 변경이 가능하다 해도 우리는 변경하려 하지 말아야 한다. 이해는 바로 기술로 익히는 어떤 능력을 응용하는 것 이상이다. 이해는 언제나 확대되고 심화되어 있는 자기 이해를 뜻한다. 이러한 사실이 의미하는 것은 해석학은 철학이며, 철학에서도 실천철학이라는 것이다.

실천철학의 위대한 전통은 해석학에 계속 살아 있으며, 해석학은 이러한 철학의 함축성을 가지고 있다. 위에서 언급한 초기의 전통으로 되돌아가면 우리는 이러한 사실을 인지할 수 있다. 해석학은 초기의 전통에서 볼 수 있는 이론적 관심과 실천적 행위 사이의 상호 함축성Wechsekimplikation을 가진다. 아리스토텔레스는 이것을 그의 윤리학에서 아주 분명하고 철저하게 숙고했다. 그가 이론적 관심에 헌신하기는 하지만 그가 전제로 삼은 것은 실천 이성에서의 덕die Tugend der Pronesis[34]이다. 그러나 그는 이론의 우월함을 결코 제한하지는 않았다. 다시 말해 아리스토텔레스는 단순한 지식을 알려는 관심의 우위를 결코 제한하지는 않았다. 그에게 있어 유용함이 개개인과 관계하든지, 집단 또는 사회 전체와 관계하든지 간에, 유용성의 모든 관심을 괄호쳐버리는 이론의 이념은 현재하고 여전하다. 〔그러나〕 다른 측면에서 보면 '실천'의 우위를 거부할 수는 없다. 아리스토텔레스는 이론과 실천 사이에 상호 관계가 있음을 인정하고 〔이에 대해〕 충분히 통찰했다—여기에서 내가 해석학에 관하여 말한다면 그것이 바로 이론이다. 그렇게 되면 내가 해결하려고 시도하는 이해의 실천적 여러 상황은 부재하게 된다. 그럼에도 해석의 실천, 그리고 텍스트 해석의 실천에 대립하는 이론적 태도는 〔여전히〕 중요하다. 그러나 텍스트 안에서 그리고 의사소통으로 전개되는 세계 정위로 해석된 여러 경험의 실천에 대립하는 이론적 태도는 이해의 실천적 경험 안에서 일하는 것을 의식한다. 아리스토텔레스가 어떤 도덕철학의 가능성에 대해 한 대답이 해석학에 대한 우리의 관심에도 그대로 적용된다. 그는 답하기를 윤리학이 분명 하나의 이론적 시도에 지나지 않는다는 것이다. 그리고 이론적으로 기술하는 형식으로서의 윤리학에서 참된 삶의 형식에 관하여 언급했던 모든 것은, 인간이 살아가며 경험하는 것을 구체적으로 적용하는 데 단지 조금 도움을 줄 수 있을 뿐이라 한다.[35] 〔그런 의미에서〕 우리가 알려고 하는 보편적 의욕과 구체적인 실천적 신중함 사이의 연관은 상호적으로 주고받는 연관으로, 내 생각에는 이해 경험에 관한 이론적 의식성과 이해의 실천은, 즉 철학적 해석학과 자기 이해는 서로 분리할 수 없다.

5

철학으로 향하는 인간의 본래성에 관하여[36]

우리는 철학을 지나간 낡은 과거의 신학적 유물로 평가하려 하거나, 또는 순수한 이론과 인식을 위한 이상처럼, 매우 비밀스럽고 무의식적인 관심에 의존하는 것을 아무런 의심도 하지 않는 시대에 살고 있다. 과학은 말할 것도 없고 과학에 생명을 부여하는 비판적 합리성의 정신을 신뢰하려는 시대 의식에 대해 반발하는 칸트의 외침은 철학을 지향하는 인간의 본래성Naturanlage을 상기시키며 철학적 여음을 남긴다. 기술 문명과 그로 인한 열기가 세계 전체를 덮어버리며 이에 따른 진보와, 그리고 전쟁에 의한 인류의 자기 파괴 내지는 평화적 자기 파괴라는 숨찰 만큼의 여러 문제에 직면한 후, 철학의 열정은 완전히 창백해진 꿈의 세계로 무책임하게 도피해버렸다. 이제는 서로 힘을 모아 경주한다 해도 인류의 미래 과제를 거의 해결할 수 없다고 생각하는 인간의 기술적 오성과 실질적 영리함처럼, 철학은 본질적으로 인간의 본래성에 속하는 것이라고 주장하기에 이르렀다. 그런데 시간적 여유가 아직 있는가? 철학자들이 이전에 연구했던 문제들에 대해서, 그리고 인간의 심정 깊은 곳에서 반향을 불러일으켰던 해결되지 않은 문제들에 대해서 다시 느긋하게 사색할 여유로운 시간이 아직 있는가?

도대체 그러한 여유가 아직도 있다는 것인가? 헤겔은 1812년에 형이상학은 없지만 교양 있는 민족을 거룩함이 결여된 사원에 비유한 바 있다.[37] 그것이 얼마나 오래된 일이라고 생각하는가? 칸트가 "독단적" 형이상학을 파괴하고 근대 경험과학을 비판적으로 정당화한 후, 다시 프랑스 혁명이라는 시대의 전환점을 지나 실증철학philosophie positive이라는 온상이 만들어진 과학 시대의 시작을 이와 같이 부정하는 것은 전적으로 시대착오적인 일이 아니었던가? 그 당시 헤겔의 절대 정신의 왕국이 바로 붕괴되어버리면서 형이상학의 종언이 입증되었다. 다시 말해서 사유하는 정신의 나라에서 경험과학이 제일의 자리로 밀고 들어온 것이다. 그러나 이들 경험과학이 이 자리를 다 채울 수 있는가?

이와 같이 물음을 제기한다는 것은 철학이 실제로 인간의 본성을 보여주는 것인지, 아니면 철학이 단순히 아직도 충분히 해방되지 않아서 자기 자신의 합리성에까지 이르지 못하고, 인식하는 정신이 미성숙 단계에 있는지를 음미하려는 것이다. 그런 의미에서 이 물음은 철학에 대한 비판적 물음이다. 왜냐하면 우리가 철학이라고 부르는 것은 그리스어로 그리스적인 문제를 가리키고 그 자신이 "과학"임을 의미하기 때문이다. 그런데 이러한 그리스적인 문제가 하나의 인류 역사로, 인류 역사의 결정적 단계가 된 것은, 이러한 결정적 단계를 통해서 "유럽"이 인류 초기의 신화와 동양적 신주 체제 Hieratik와 작별하고, 앎의 의지의 길로 접어들었기 때문이다.

〔그렇다면〕 오늘날 앎의 의지의 길은 목적지에 도달했으며 철학은 종결되었는가? 아니면 인간이 죽음을 알고 인간이 죽은 자를 장사 지내는 것을 아는 것처럼, 인간은 본질적으로 그렇다는 것을 철학은 여전히 견지하는 것일까? 바로 이것이 유럽에서 자연의 피안에 관한 (과학)학문이라는 특수한 길을, 즉 형이상학의 길을 걸어온 바로 그 피안의 사상인가? 이 길의 시작은 무엇인가? 모든 단초들은 어둠에 싸여 있다 —— 단초가 있은 이후에 있는 것은 언제나 나중에 오는 것에 의해서만nur auf ein Späteres hin 밝혀질 수 있고, (그것은 또) 더 뒤에 오는 것에 의해서von Spärterem aus만 밝혀질 수 있다. 문장은 계속해서 이어지지만 그만큼 또 더 많은 것들이 어둠 속으로 들어가기도 한다. 그렇다면 철학이라는 말은 우리에게 무엇을 이야기하는가? 우리가 플라톤에게서 아는 것은 그가 철학이라는 말을 매우 강조한다는 것, 그러니까 신을 앞서 아는 일을 유보한다 해도 "철학함philosophieren"은 진리를 향해서 끊임없이 노력하나 이는 언제나 채워질 수 없음을 이야기한다는 것이다. 이 말의 의미를 플라톤이 특별히

강조하고 있음을 우리는 의심할 여지가 없다. 투키디데스는 페리클레스에게 아테네 사람들은 "철학함"으로 아름다움을 사랑한다philosophoumen kai philokaloumen고 말한다. 여기에서 이 말은 "이론적 물음에 대한 관심Interesse an theoretischen Fragen"을 뜻한다. 왜냐하면 "아름다움schön"이란 필요와 유용을 넘어서, 단지 마음에 들기 때문에 그 아름다움을 자신을 위하여 구하게 되는 영역을 의미하기 때문이다. 그러나 피타고라스의 일화가 말해주듯이 아름다움은 분명 이론적 관심 일반을 위한 젊은 사람의 교양이며, 관심 또는 아주 좋아함은 "현명함"이라는 말과 연결된다. 현명함은 사람들의 비범함을 표현하는 말로, 비범함은 아는 일과 할 수 있는 일 일체를 능가한다. 이 "현명"이라는 말에는 철학함이라는 플라톤 후기의 개념이 이미 구현되어 있다. 헤라클레이토스는 교사가 제자들 모두보다도 더 우수하고 습득 가능한 모든 일을 능가하는 것처럼, 알 수 있는 모든 것과 할 수 있는 모든 것을 앞서 넘어서 있으면서도 자제하고 있는 것을 "현명das Weise"하다고 표현한다.

현명함은 바로 헤라클레이토스가 우리에게 알려주려고 한 현명함처럼, 모든 것 안에서 참다움으로 증명되어야 하는 현명함이며, 모든 것에 공통적인 로고스로 증명되어야 하는 현명함이다. 그리고 세계 법칙으로 증명되어야 하는 현명함이다. 이는 세계 근거로 증명되어야 하는 현명함이며, 세계 의미로 증명되어야 하는 현명함이자 존재와 사유가 하나로 증명되어야 하는 현명함이다. 이 현명함은 호메로스나 헤시오도스의 시적이며 신화적인 "가르침"과도 다르며, 세계에 대한 호기심과 물음이라는 기쁨으로 신비로운 사유에 어떤 새로운 것을 대립시켜보는 이오니아학파의 학문과도 다르다 —— 아마도 헤시오도스가 태고의 신통기urzeitliche Göttergeschichte에서 우리에게 묘사하여 보여준 것, 특히 호메로스가 신들의 생활과 행위로 묘사하는 것과도 다르다. 현명함은 그 자신이 이미 신화적 여명기로부터 솟아 나오는 시적 상상의 자유로운 광채와 신학적으로 사유하는 체계성의 자유로운 광채라 할 수 있다.(이러한 새로운 것은 신비적 사유와 대립하는 것이며 이러한 대립은 아마도 현명함과 반대가 되는 것이리라.) 하여튼 헤라클레이토스의 그 어두운 무언의 앎Spurchwissen —— 은 피타고라스와 같은 사람의 세계의 앎과 수의 앎, 그리고 영혼의 앎과 마찬가지로, 또는 일체의 감각적 가상을 무시하는 파르메니데스의 존재 논리와 마찬가지로, 모든 방식에 넘치는 앎과 똑같이 대립된다 —— 현명함은 로고스, 즉 일체를 결합하고 일체를 명백하게 의사소통으로 고양해가는 이성의 새로운 요구 아래에서 이루어지는 것이다.

온 나라에 유행하던 "philosophia"라는 말을 플라톤이 바꾸고자 마음먹은 동기는 바로 다음과 같은 것이었다고 생각한다. 그가 philosophia라는 말을 새로 강조한 것은 그 당시 앎에 대해 비판적이며, 동시에 자기의 삶에서 중요한 역할을 한 사람, 즉 자신이 최초의 철학 교사가 되게 하고, 철학 학원을 창설하게 해준 사람인 소크라테스를 알리기 위해서였다. 플라톤은 소크라테스를 소박한 아테네 시민으로 그렸다. 소크라테스는 자연을 탐구하는 "현명한 사람들"의 앎에 대해 아무것도 기대하지 않은 대신에, 자기 "영혼"에 대해 배려할 것을 촉구하며 올바른 삶에 대해 물었다. 실제로 플라톤은 말 그대로 새로운 플라톤적 의미의 철학자로, 지식인Wissender도 현명한 사람도 결코 아닌, 그러나 가장 중요하고 본질적인 것, 즉 선에 대하여 자기 자신도 그리고 다른 사람들도 모두 무지하다는 것을 아는 데 탁월한 사람이었다. 구전하는 바와 같이 플라톤은 쉬지 않고 대화를 계속하면서 "선"을 물어나가며 철학을 하늘로부터 아래로, 다시 말하자면 세계의 구조와 자연 생성의 탐구로부터 인간에게로 끌어내렸던 것이다 —— 사실 그는 철학자란 자기 인식을 문제 삼고 불행과 불법과 아픔이라는 삶의 문제와 마주하고 그것만이 아닌 죽음의 고통까지도 초월하기 위하여 자기 사유에 도움이 되는 사람이라고 보았다, 철학자야말로 모든 사람의 원형이며 모범이라고 생각했다.—— 새로운 실로 짜 넣은 옷감으로 철학자의 외투가 만들어지는 것이다.—— 그리하여 일체의 학문으로부터 독립한 실천적 삶의 지혜를 이어받은 소크라테스의 후예들은 알렉산더 대왕에게 해를 가리지 않도록 물러나 달라는 것 이상의 아무것도 요구하지 않을 줄 알았던, 통 속의 디오게네스로부터 시작해서 이후 유럽 철학의 왕도를 안내한다. 우리는 이들과 계속 만나게 될 것이다.

한편, 플라톤이 말하는 소크라테스의 후예는 이러한 사람들만이 아니다. 플라톤이 왕도를 열고 이 길에서 유럽 철학은 모든 과학의 여왕이 되었다. 플라톤이 소크라테스의 대화술을 형성할 때 추진한 것은 바로 최후의 궁극적인 변명을 요구하는 "문답법Dialektik"으로—— 근거 설정을 요구하는 문답법을 플라톤은 단순히 소크라테스와 같은 정치가, 웅변가, 시인들의 인간적 무지성을 향하여 행했을 뿐만 아니라, 실제로 일상의 일을 이해하고 있는 사람들에게도 문답법을 행했다. 그리고 학문 그 자체에 대해서도 그는 문답법을 사용했다—— 특히 수학은 수학 공리의 직관적 명증성으로 증명되는 것까지도 한층 더 깊게 근거를 찾으려면 면과 도형을 수로 귀결시키고 이 수를 수의 요소로, 그리고 단일성과 다수성으로 귀결시키면서 "본래적인eigentlich" 앎이라는 위상을 도출하기 위해 "문답법"을 사용한다—— 왜냐하면 〔앎이란〕 일자 안에서 단일성이며 다수성이기 때문이다. 바로 이것이 플라톤에게 하늘과 인간만이 아니라 세계 구조 질서와 국가 체계의 질서, 혼의 체제 질서, 그리고 사상을 형성하는 담론의 질서를 포함한 모든 질서의 궁극적인 비밀이었다.

플라톤에 의하면 "철학"의 시발, 즉 알고자 하는 열망의 시초는 놀라움Thaumazein이다. 예를 들면 수와 크기가 상대적으로 증명된다는 사실과 이 수와 크기가 사물의 견고한 성질이 아니라는 사실은, 통상의 기대에 반하기 때문에 우리에게 생소함을 주고 거기에 놀라움이 있다——이것은 수와 크기가 무엇인지를 알도록 하는 하나의 경험, 다시 말해서 수학을 필요로 하는 경험이다. 수학을 할 수 없는 자 그 누구도 안으로 들어가서는 안 된다는 글이 유럽 최초의 철학 학교인 아테네 아카데미의 문에 걸려 있었다. 그러나 놀라움은 단지 놀라는 것만이 아니고 감탄이기도 하다. 즉 놀라움은 모범적인 것을 향해서 끊임없이 바라보는 것이기도 하다. 플라톤적인 의미에서 선으로 상승하는 일은 첫째로, 놀라움을 관조하면서 이루어진다. 플라톤은 "근거"가 필요한 것은 수학만이 아니며, 앎에 의해서 실천적 결단을 하는 우리의 모든 앎 일반all unser Wissen überhaupt, 그리고 전문인의 앎 역시 근거가 필요하다고 말한다. 이들 모두가 그 근거가 선임을 알 필요가 있다.

이상과 같은 의미로 선의 이데아는 최고의 앎이라고 플라톤은 말한다. 그리하여 궁극의 기원으로 향하는 사유를 자기의 제일 철학으로 끌어올린 아리스토텔레스가 사유를 인간생활 안에서 실천적으로 선한 것의 물음과 동일시하지는 않는다 하더라도, 아리스토텔레스 역시 일체의 학문을 넘어선

최고의 앎은 역시 순수 관조라는 이상으로 여긴다는 점에서는 플라톤과 다르지 않다.

주지하는 바와 같이 근대 경험과학은 힘겨운 비판적 작업을 통해서 이 같은 아리스토텔레스 철학의 포괄적 앎의 구속으로부터 벗어난다. 근대 경험과학은 아리스토텔레스류의 전체적 앎을 포기함으로써 인식을 마음대로 조종하며 인식의 진보라는 확실한 방법을 얻었다. 근대 경험과학은 관찰 가능한 것을 수량화하는 수학의 방법에 모든 것을 위임함으로써 새로운 자연 법칙의 개념을 찾아내고, 실험과 가설을 통해 과학적 인식으로 가는 방향을 취했다. 그리고 모두가 이에 매진했다. 그런데 이전에 학문의 왕관을 쓴 형이상학이 제공했던 것은 세계 정위의 전체였고, 자연적인 세계 경험과 그것을 언어적으로 매개한 세계 해명을 하나의 통일체로 성립시키는 것이었다. 그런데 이것을 근대 과학은 제공할 수가 없다. 근대 인간이 이제는 더 이상 우주 중심에 있다고 생각하지 않듯이, 근대인의 과학도 더 이상 그의 세계 경험을 자연으로 넓혀나가지 않고 자신의 실행으로 끝날 뿐 아니라 자연을 공격하기까지 했다. 근대는 자연을 공격해서 새로운 지배 아래 두었다. 허나 그 지배는 부분적인 지배일 뿐이다. 더욱이 철학은 수세기에 걸쳐 형이상학에 관한 이전의 문제로부터 계속해서 이어지는 연결이 흄David Hume과 칸트 이후 점점 사라져버렸다. 새로운 경험과학은 그러한 전체적 앎을 제공하기보다는 끝없는 자연 연구의 한 과정으로서만 역할할 뿐이다. 이러한 새로운 경험과학이 전체적 앎인 옛날의 형이상학의 자리를 대신할 수 있을까? 경험과학이 우리의 알고자 하는 의욕을 끊임없이 요동치게 하는 여러 가지 물음을 제기할 수 있을 것인가? 다시 말해서 진실로 놀라움에서 우러나오는 여러 가지 물음을 과연 경험과학이 제기할 수 있는가? 플라톤이 말하는 놀라움이란 단순한 놀람과 경이를 느끼는 것 이상이 아닌가? 이것은 무엇보다 낯선 사람에게서 그리고 이상한 일들로부터 오는 것이 아닌가? 이것은 전부 "낯선 것"이기만 한가? 즉 만물의 시초, 지속적인 것 그리고 종말은 모두 낯선 것인가? 시간 일반은 존재하는가, 아니면 시간은 단지 "우리 안에"만 있는 것인가? 왜 있는 것은 어떤 것이고 무가 아닌가? 그리고 모든 것이 다시 현재하는 그 의식과 자기의식은 무엇인가? 우리가 의식이라고 이름 붙인, 자신 안에서 비치는 이러한 광채가 언젠가는 끝날 것임을 우리는 어떻게 이해해야 하는가? 이러한 것을 생각하는 우리 모두가 어떻게 그것을 이해하고 있는가? 아니면 사람마다 각기 가지고 있다고 생각하는 자유가, 그리고 공간과 시간과 영원성에 대해서까지 생각하는 것이 허용된 그러한 자유가 어떤 타자에 의하여 조종되고 있다는 것은 단순한 환상이고 꿈인가? [혹] 자유는 단순히 충동의 다발에 지나지 않고 무의식적 충동에 지나지 않는 것은 아닌가? 이상의 물음은 플라톤이 〈테아이테토스〉편에서 어떤 것이 크고 동시에 작다는 수수께끼 같은 말을 함으로 현기증을 일으킨 것과는 다른 차원에서 우리를 낯설게 한다.

과학이 그 시대를 규정하는 성격을 철저히 밀고 나감으로써 철학의 고전적 기능은 끝났다고 하지만, 〔내가 생각할 때〕 철학의 고전적 기능은 여전히 변화된 형태로 존속해간다. 세계관의 시대라 하는 19세기에 세계관이라는 말은 그 시대의 근원적인 의미로까지 들어가서 과학이 더 이상 풀 수 없었던 전체를 해명코자 한 약속을 갱신한다. 과학적 철학을 지속한다는 철학의 과제를 고집함에 따라 점점 더 과학의 철학이 되고, 그리고 과학의 논리적이며 인식론적 기초를 이루게 되는 철학은 이런 세계관적 사유를 거절한다.

이와 달리 세계관적 사고에서 등장하는 것이 예술이다. 형이상학이 끝나면서 철학과 시(詩) 사이의 태고적 논쟁의 불꽃이 새로이 타오른다. 플라톤이 소크라테스에게서 구체화된 합리적 변명의 요구에 직면해서 자기의 시를 태워버리고, 호메로스와 비극 작가들인 그리스의 위대한 시인들을 국가로부터 추방했다면, 지금은 예술의 독자적인 진리 요구가 다양한 모습으로 나타난다. 19세기와 20세기의 위대한 낭만시, 그리고 예술 작품이 시민 교양의 시대를 맞이하여 철학의 오래된 과제에 한층 더 접근하고 있다. 예술이 철학의 오래된 과제를 관리하는 철학의 위대한 유산 관리인이라 해도 그것은 결코 지나친 말은 아니다. 오늘날 정신과학 쪽에서 형이상학의 유산을 계속 이어오던 소위 정신과학의 발전과 그 작용까지도 철학의 위대한 유산에 부합한다. 프랑스 문화권에서 정신과학은 문예Lettres의 일부가 되는데——정신과학이 문예라는 이 한마디로도 문예가 정신과학을 포괄할 만큼 정신과학과 시는 한층 더 근접하다. 앵글로 색슨의 언어 공간에서는 인문학Humaniora이라는 옛날의 인문주의 개념이 "인문과학Humanities"이라는 표제 아래 독자의 언어적 문맥 안으로 변화, 옮아간다. 이들의 여러 학문은 대상적 세계를 연구 대상으로 하지 않고, 자기 자신에 관한 인간의 앎을 대상으로 하여 인간이 앎을 축적하고 있었던 인간 창조의 세계를 연구한다.

이러한 학문 끝에는 인식만이 아니라, 자기 자신에 관한 인간의 앎이 생생하고 지속적으로 형성되어갔다. 그런데 이런 학문이론의 관점에서는——예술이 진리를 요구하고 정신과학이 진리를 요구하는 것과 마찬가지로 인간이 정신과학에 대해서 자기 이해를 요구하는 것 등 모든 것은——이질적인 것이 섞여 있다고 할 것이다. 다시 말해서 상상력과 순수 학문의 엄밀성이 부당하게 융합되어 있다고 보아야 한다.

사실 새롭고 철저한 과학 신앙 시대인 오늘날, 정신과학에 의해 육성되고 있는 인간 문화의 역사적 전승에 대한 관심이 고조되듯이 사회에서의 예술의 역할이 논의되고 있다.

공공 의식이 과학에 거는 기대는 새로운 빛깔을 띤다. 자연 진행의 점진적 지배는 더 적은 자연 영역들과 관계토록 한다. 특히 에너지 문제는 지구상에서 인간 생활의 생사를 결정한다. 기후는 예측 불가능한 상태로 인류 역사의 종말인 죽음의 경계선처럼 이미 주변에 영향을 미치며 있다. 지구상에서 삶을 위협하는, 산업 혁명과 함께 닥쳐온 놀라운 복합적인 문제는 더 이상 재론할 이유가 없다. 여기에서 제기하고자 하는 문제는 점점 고조되는 과학에 대한 〔지나친〕 기대이다. 과학은 모든 생활 영역을 자신의 지배 아래 두면서 사회의 가장 고유한 생활로부터 일체의 예측 불가능성을 추방할 수 있으리라는 기대를 갖게 한다. 이를테면 유전 형질의 육성, 배양을 통해 모든 문제를 지배하는 일, 그리고 이와 함께 질병을 예방하고 극복하는 일 등이다. 이러한 일이 죽음의 소외감을 결코 없애버릴 수 없다. 그런데 사람들은 충동적 삶 안에 있는 인간 존재의 본성까지도 과학의 지배 아래에 두며, 무의식적인 충동과 의식적인 동기 사이에서 조화를 이루는 것 역시도 과학에 의하여 도출되어야만 하는 것으로 여긴다. 바로 이것이 오늘날 정신분석학의 일반적 요구이다. 경제와 복지를 문제 삼는 과학적인 극복을 우리는 경제학에서 기대한다. 〔뿐만 아니라〕 인간이 서로 나누는 언어에 대한 이해는 이야기의 다양성만이 아니라 각각의 언어를 사용할 때 정확할 수 없다는 이해와 오해에 대한 일체의 문제를, 언어 일반에 대한 새로운 과학적 지배에 의해서 그리고 언어의 합리적 구성과 체계 조직으로 해결되리라고 보는 것이다. 정치사회 생활, 정보 교육, 여론의 형성, 전쟁이 발발하고 평화가 오는 여러 가지 과정이 있는데 이들도 과학을 통해 우연성이라는 정서적 영역으로부터 해방되어야 한다고 보는 것이다. 그리고 마지막으로 객관적 역사의 진행까지도 〔과학적 방식으로〕 인식할 것을 요구한다. 다시 말해 〔역사의 진행까지도 과학으로〕 지배하고자 하는 것이다. 이는 현재를 과학적으로 입안하고 미래조차도 과학적으로 손에 넣으려는 요구이다.

그런데 분명한 것은 과학의 성과는 이상의 모든 영역에서 그와 같은 기대와 희망을 충족시키기에는 한참 미치지 못한다는 사실이다. 과학의 성과는 대개 틀이 잡힌 상상 이외에는 보여주는 것이 없다. 그러한 사유 방식을 학문의 수단으로 삼아 그 상상을 채워나가고 변화하는 상황에 적응시키는 것은 그렇게 간단하고 가능한 일이 아니다. 과학의 성과는 확실한 한 근거를 제공하기는 한다. 그러나 과학이 이루어놓은 것은 〔이와는〕 다른 어떤 것이다. 과학의 권위와 전문성의 권위는 행위하는 자의 책임을 벗어난다——비록 과학이 종종 실제로 안전성을 제공한다 하더라도 그러하다. 이 경우 오래전부터 앎에 대한 욕망에 좀 더 가까이 있는 비합리적 요인들이 개입해서 작용하는 것은 아무런 문제가 되지 않는다. 이처럼 알려고 하는 일, 즉 기대의 지평이나, 인습이나, 신앙에 대한 생각이나, 전통을 규정하는 규범 개념이나, 인간의 실천적 결단을 규정하는 모든 것을 철학은 이미 오래전 고대에서부터 자기 안에 지니고 있었다. 그런데 철학은 아직 과학이 목적하는 바, 즉 모든 결단을 과학의 책임 아래 두려는 그 정당성을 승인하지 않는다. 이를 위해서는 삶의 모든 영역이 완전함으로 고양하는 과학의 지배가 분명히 있어야 한다. 우리가 제기해야 할 문제는 우리의 앎의 지향이——결국 그것은 우리가 무엇을 행해야 할지를 알려고 하는 것은 아니다——〔다만〕 그것으로 충분한가 하는 것이다. 이 물음의 의미를 〔보다〕 확실히 하려면 개개인의 생활에 대해서도, 사회생활에 대해서도 각각의 사람들의 인격과 정치적 결단이 "객관적으로" 결정되고, 즉 우리에 의해서가 아니라 과학에 의해서 결정될 만큼 완전히 과학화되는 것을 생각할 수 있다고 주장할 수 있는가? 아니면 우리가 알려고 하는 일은 점점 진보해나가는, 즉 연구의 근원과는 다른 근원에서부터 끊임없이 자양분을 얻어야 하는 것은 아닌가? 소크라테스와 같이, 자기가 알지 못하는 것을 인간이 안다는 사실은 인간이 결국에는 자기 자신에 관해서 안다는 것인가? 아니면 앞으로도 결코 알지 못하다는 것인가? 과학이 어떠한 답도 알지 못하는 질문들, 그럼에도 인간의 정서를 규명하는 질문들, 여러 종교의 거창한 답들에 대한 질문들, 그리고 신화들이 보여주는 거창한 답에 대한 질문들, 그리고 비극과 같은 예술 창작물에 의해서 그리고 플라톤의 대화록 같은 사유 작품에 의해서 제기된 질문들은 〔정말〕 거절되어야 하는가?

이 같은 고대의 질문과 더불어 전체적인 작용을 받아들이려는 앎에 대한 의지는 일관되게 이어져왔다. 다시 말해 철학으로 향하는 인간의 본래성은 늘 있어왔다. 그러나 과학의 새로운 출발에 직면해서 모든 우리의 앎이 단일화된 세계상으로 통일될 수 있다고는 어느 누구도 생각지 못했을 것이다. 비록 제한되고 잠정적이기는 하지만 현재 있는 그대로 보장받고 영향력을 행사하는 과학적 앎이, 그리고 인간 문화의 위대한 역사적 전승으로부터 밀려오는 인간에 관한 모든 앎이, 우리의 실천적 의식 안으로 계속해서 과제로 성립될 것인가? 나는 여기에서 진정한 통합Integration이라는 과제를 본다. 다시 말해서 과학과 자기 자신에 관한 인간의 앎이 하나로 결합하는 진정한 통합이라는 과제를 본다. 그리하여 인류의 새로운 자기 이해를 자기 자신과 함께 열어가는 것. 우리에게는 이러한 새로운 자기 이해가 필요하다. 왜냐하면 우리는 이제 자본주의적 경제 질서의 특수성에만 바탕을 두지 않고, 문명이 일구어낸 것에 의하여 끊임없이 커져가는 자기 소외 안에서 살고 있기 때문이다. 이제는 인간을 다시 자기 이해로 향하게 하는 과제가 점차 긴박한 문제가 되고 있다. 내가 해석학이라 불렀던, 이와 같은 형태의 철학은 고대

이래로 자기 자신의 이해에 공헌해왔다. (이론으로서, 그리고 또 낯선 것과 이질적인 것과 이질화되어버린 것을 언어화하고 이해하는 기능을 익히는 실천으로서) 해석학은 우리가 아무런 의심 없이 받아들이는 모든 것과 관련해, 그리고 자기 자신이 할 수 있는 것과 관련해, 자유를 얻는 일에 도움이 된 것이다. 마지막으로 플라톤은 어디까지나 옳다. 분명 우리를 지배하는 과학이지만, 그 과학이 누구에게 쓰이고 있는지 우리는 알지 못한다. 우리는 그러한 과학을 탈신화화하는 것을 통해서만, 앎의 지배가 우리를 지배하는 것을 알 수 있다. "너 자신을 알라"라는 델포이의 요구는 "너는 하나의 인간이고 결코 신이 아니라는 것을 알라"라는 의미이다. 이 요구는 과학학문의 시대에 사는 인간에게도 그대로 적용된다. 이 요구는 지배와 피지배의 모든 환상에 대하여 경고하는 것이다. 자기의식만이 자유를 구할 수 있다. 이 자유는 그때그때 지배하는 자에 의해 위협당하는 그러한 자유가 아니라, 우리가 지배할 수 있다고 생각하는 것에서 출발하는 그런 지배, 그리고 그에 대한 의존성을 통해서 위협받기도 하는 그런 자유이기도 하다.

6

철학이냐 과학 이론이냐[38]

내가 여기에서 제시하는 논제는 다소 이상하게 들린다. 마치 과학 이론은 철학이 아니라는 것처럼 들린다. 그러나 여기에서 제기하고자 하는 물음의 의미는 다음과 같은 의미이다. 즉 과학 이론의 의미 외에 도대체 어디에서 철학의 의미가 주어질 것인가? 헤겔의 죽음(1831년)과 함께 형이상학의 시대가 끝났다는 의미에서 철학의 시대는 끝이 난 것인가? 우리가 살고 있는 이 과학의 시대에 철학의 유일하고 정당한 의미는 실제로 과학 이론의 유일하고 정당한 의미에 있는 것이 아닐까? 철학이 '실존철학'이라는 슬로건 아래 과학과 구별되는 요구를 했다는 사실은 곧 우리의 세기에, 다시 말해 신칸트학파[39]가 몰락한 시대에 새로운 철학의 탄생을 알리는 것인가?

사실 이전에는 세계관을 알고자 하는 철학의 과학학문적 요구가 있었다. 철학은 그 자체로 엄밀한 과학이어야 했다. 철학이 엄밀한 학문이어야 한다는 사실은 19세기 후반 칸트의 재발견에서 자명했다. (철학) 본래의 관점이 특이하게 축소되면서 사람들은 칸트, 특히 그의 비판철학 〈서론〉에서 부여한 입문적인 형식에서 그 근거를 찾았다.[40] 오늘날 칸트의 《순수 이성 비판*Kritik der reinen Vernunft*》을 읽는 사람은 단지 이 책이 그의 근본적 생각을 보다 잘 이해할 수 있게 서술하고 있다고 생각하지만, 실제로 이 책은 놀라우리만큼 빠르게 1780년대에 비판철학을 승리로 이끌었다. 19세기 후기를 칸트로 되돌려놓은 인식 이론적인 칸트의 해명은 확실히 놀랍다. 이 〈서론〉이 칸트의 시대를 가능하게 한 것은 분명한 사실이다. 실제로 여기에서는 마치 과학이 사실을 전제로 하는 것처럼, 그리고 마치 칸트의 비판이 단지 이러한 사실을 위한 정당한 근거인 것처럼 들린다. 이것이야말로 진실로 19세기에 인식 이론을 철학의 근거 원리로 높이고《순수 이성 비판》의 이해를 전적으로 인식 이론의 시선으로 밀어붙인 양상을 가져왔다. 이러한 사실은 19세기 중엽에 일어난 인식 이론Erkenntnistheorie을 의미하는 프랑스어와 영어의 동의어가 '지식학Epistemology' 또는 '인식론Epistemologie'으로 불린다는 데에서도 잘 나타난다. 프랑스어와 영어의 이 말들은 과학을 뜻하는 그리스어 표현[41]으로 들리며 동시에 모든 인식을 과학적 인식과 동일시하는 의미로 들린다. 인식의 대상은 그 유명한 칸트의 '물자체'인데, 마르부르크 신칸트학파의 표현을 빌리면 이는 과학 연구에서 "무한한 과제" 이외에 아무것도 아니다.

경험의 가능 조건을 경험과학의 근거로 이해했던 초월론적 반성의 사유 형식은 문화의 모든 타당성의 영역 전체로 확장되었다. 그래서 서남학파, 특히 서남학파의 형태로 인식 대상을 구성하는 여러 가지 범주와 함께 가치라는 대용물이 나오게 되고, 인식의 이론적 근본 개념이 소위 인식 이론에서 근거를 얻게 되는 것과 똑같이, 〔당시의〕 철학은 초월론적 반성에서 가치의 타당성의 근거 찾기를 정당화한다. 여러 정신과학 학문은 이러한 방식으로 자연과학을 인식 이론적으로 정당화하고 자연과학에서 유비적으로 초월론적 근거를 찾았다. 그리고 이 가치 관계가 역사적 사실의 개념을 정의했다.

〔그러나〕 칸트로의 귀환, 다시 말해서 여러 가지 형태로 변형된 모습으로 나타난 신칸트학파는 단지 그 시대의 지배적 흐름 중 하나에 불과하다 ── 이와 다른 흐름은 영국의 연역 논리학으로, 특히 독일어 권역에서도 상당히 큰 영향력을 지닌 소위 경험주의의 방향을 이어간 존 스튜어트 밀John Stuart Mill[42]의 흐름이다. 밀은 개념의 타당성을 감각적 지각으로, 소여성에 도달하는 경험의 일차적 내용으로 되돌아가도록 이끈다. 경험과학은 단지 근거의 필요에 따른 사실만이 아니라 ── 과학과 과학의 일반 개념의 근거가 되는 것은 과학의 방법과 경험이 만들어낸 하나의 작품이라고 이해된다.

그러나 초월론적 선험주의든 논리적 경험주의든 —— 칸트로 돌아가든 흄으로 돌아가든, 둘 다 독단적 형이상학의 붕괴를 그 시대의 특징에 부합하는 것으로 이해하였다. 그리하여 콩트[43]는 역사철학의 시대를 형이상학의 시대에 반하여 실증적 과학의 시대로 규정했다.

'실증적'이라는 말은 물론 상당히 애매한 말이다. 19세기 초기 철학의 특징은 철학 자체가 참된 실증주의를 위한 논쟁이자 실증과학을 인정하는 마지막 법정이라는 점이다. 실증적이라는 개념, 즉 소여성의 개념은 바로 그 자체가 불분명하고 애매하다. 소여성은 무엇에 대한 소여성이다. 그러나 이것은 분명 의식의 소여성을 뜻한다. 실증주의 초기의 주장대로라면, 외부 세계의 모든 인식이 돌아갈 수 있는 유일한 의식의 소여성은 감각적 소여성, 다시 말해 소위 감각 자료가 아닌가? 결국에 감각 지각의 기계론이 우리의 경험 세계를 구성하는 기초가 된다는 것인가? 여기에서 비판이 따른다. 즉 도대체 지각이 현실적 소여성으로 의식 안에 있는 것인가? 또는 어떤 것을 경험하게 되면 의식은 자신이 생각하고 아는 그것에 달려 있는 것인가? 어느 정도로 감각 지각이 경험의 초석으로 타당성을 요구할 수 있는가? 그렇다면 무엇이 의식의 소여성인가? 개념의 타당성이 논리학의 영역에 속한다 하더라도 의식의 심리학적 연구에 의해서 소여성이 이해될 수 있는가? 선험주의의 새롭고 보다 심원한 근거를 철학에 도입하는 것은 감각주의적 심리학, 특히 논리적 형성물이 저지른 잘못에 대한 단호한 비판이다. 그것이 후설Edmund Husserl의 현상학44이다. 후설은《논리 연구*Logischen Untersuchungen*》 제1권에서 심리주의를 결정적으로 부정하고 있으나 이것은 새로운 철학의 기초를 세우는 첫걸음에 지나지 않는다. 신칸트학파의 초월론적 반성의 향방이 현상학적 연구의 헤아릴 수 없는 영역으로 열리고 넓혀졌다. 현상학 연구는 여러 가지 구별되는 의식의 방식, 소위 지향성들을 정리하고 그 지향성과 상관적인 지향적 대상에 대하여 연구하고자 했다. 지향성 개념은 자기의식의 내재성과 세계 인식의 초월성의 사이에서 일어나는 극단적인 분열을, 다시 말해 인식 이론의 개념과 인식 이론의 이론적 구성의 바탕에 있는 분열을 근본적으로 극복한다. 이제 인식 이론은 인식의 현상학으로 바뀌고 철학은 현상학이 된다. 현상학은 의식을 지향적으로 수행하면서 일체의 객관적 타당성의 구성에 근거를 둔다. 그러나 자기 쪽에서 '실증주의'라고 불렀던 인식의 초기 감각주의의 근거 역시 더 이상 감각 소여성의 독단적 개념을 고집하지 못하고——모든 생리학적이며 심리학적 선입견을 도외시하고——'마치 여러 명제에 대해서 진리를 요구하는 순수 내재성에서 진리 요구의 정당성을 찾을 수 있었던 것처럼, 인식의 기초에 관한 물음을 탐구한다. 인식의 기초를 문제 삼는 이론적 일은 기록된 문헌, 다시 말해 활

자문헌의 진리에 의심을 품을 수 없는 텍스트에서도 유효하다. 왜냐하면 기록문서의 진술이 관찰된 사태를 직접 경험하는 것과 일치하기 때문이다. 이 관찰된 사태를 직접 경험하는 것으로부터 세계의 논리적 구조가 획득된다.[45]

그래서 철학적 선험주의와 논리적 경험주의라는 두 길은 모든 인식 가능한 전체를 근거 짓는 것으로서 똑같이 보편성을 요구한다 —— 이것은 달리 말해 과학의 요구를 정당화하는 것이다 —— 그러나 이와 똑같이 철학적 학문들이 서양의 고전적 전통 안에 있었던 전체를 자기 안에서 파악할 수 있고 과학학문적으로 근거를 정당화할 수 있는 것은 아니었다. 어떤 종류의 앎이었는가를 회상하면, 모든 사람은 이 전통을 '형이상학'이라는 이름으로 알고 있다. 이 이름은 전통의 발현자인 아리스토텔레스에게서 나온 것으로, '제일 처음의 철학', '제일 철학prima philosophia'이라고 불렸다. 제일 철학이란 표현은 일반적으로 실재화되어 있지 않은 그것이란 의미를 함축한다. 제일 철학은 단지 제일자(第一者)를 묻는 그리고 원리를 묻는 물음에 대한 하나의 의미 있는 표현에 지나지 않는다. 그러나 이 제일 철학은 철학적 학문들 중에서 제일 철학일 뿐만 아니라, 모든 학문 일반 중에서도 제일 철학이다. 모든 학문 일반은 그리스와 기독교 전통의 총체로 요약되며 '철학'은 학문을, 그리고 과학을 의미한다.

현 시대를 지배하는 철학과 과학의 어려운 관계를 현실적으로 이해하려면, 먼저 17세기의 이전과 확연하게 구별되는 이들의 의미를 알아야 한다. 당시에 과학의 새로운 이념이 학문의 시초가 되었고, 학문의 첫 번째 이론적 근거가 되었다. 갈릴레이의 역학과 그 역학의 방법이 경험의 영역 전체로 널리 확산되면서 과학 이념은 삶에 관계한다. 이제 삶은 제일 철학의 근거와 결별한다. 실제로 존재하는 실체론과 근본적으로 결별하는 것이다. 수학적 설명을 대담하게 시도하며 외향의 명증의 배후로 현상들을 분석하여 역학 법칙을 수립한 갈릴레이는 실체라는 인식을 포기함으로써 이에 대해 확실한 설명을 획득했다. 갈릴레이는 자연을 수학적 구성 아래 두었고 자연 법칙의 새로운 개념을 거기에서 얻는다. 수학적 추상을 토대로 하여 자연 법칙을 연구하고 측량의 방법과 수와 계량의 방법으로 진리를 확증함으로써, 근대 자연과학은 태동기로 들어선다. 이 같은 연구가 처음 기술적으로 인류의 목적을 위해서 자연을 개조해나가도록 과학을 완전히 응용하면서 오늘날의 문명은 전 지구적인 규모로 특징지어진다. 이것은 특히 방법의 이념이었고, 확실성이라는 주도적 이상을 통해 인식해나가는 길에 대한 보증이념이었다. 그 확실성의 주도적 이상이 앎과 인식을 하나로 통일하는 새로운 의미를 정당화했다. 이는 고대 초기의 세계 인식 전통과는 더 이상 연관이 없음이 자명하다. 바로 이것이 과학과 철학이 근원과 관련하여 제기한 첫 번째 문제이다. 과학의 이러한 새로운 개념은 첫째, 철학이라는 개념이 더 협소화되었다는 것이다. 그런데 좁아진 이 개념을 이후 우리는 '철학'이라는 단어와 결합하여 사용한다.

물론 이것은 배제의 관계를 문제시하는 것이 아니라, 화해, 새로운 과학의 이념과 좀 더 오래된 학문과의 통일을 문제 삼고자 하는 것이다. '철학'의 '본래적인' 과제는 이전부터 그러했다. 칸트와 헤겔에 이르기까지 근대의 사유를 지배했던 '철학적 학문'에 대한 첫 번째 명백한 실례는 데카르트의 저서[46]에서 아주 분명하게 나타난다. 그의 《방법서설》과 그의 방법 이상에 대한 한층 더 일관성 있는 역작이 《정신 지도의 규칙》이다. 이것은 그가 죽은 지 오랜 시간이 지난 1700년에 처음으로 빛을 보게 되는데 이 저작들은 한층 더 새로운 앎의 이념을 전개해갔다. 그리고 동시에 전통에 대한 앎의 요구를 책임지는 것이 중요해졌다. 데카르트의 유명한 저작인 《제일 철학에 관한 성찰》이라는 제목에서도 알 수 있듯이 철학은 이미 본인 책임이라는 과제를 내포한다. 철학의 새로운 근거가 옛날 철학의 근거를 밀어내고 그 자리를 차지한다는 의미가 아니라, 이 새로운 인식과 방법 이상의 근거와 정당성을 '옛' 진리 안에서 찾아야 함을 뜻한다. 데카르트가 철저하게 의심하며 우리가 이해할 수 있는 세계 전체를 그의 정당성으로 삼아간, 즉 그때그때의 자기의식의 부동성을 최종의 확실성으로 발견했다는 것은 다소 놀랍다——

그는 고대의 회의주의처럼 반 독단적 의도에서가 아니라, 모든 것의 인식 방법적인 길을 근거 짓고 정당화하기 위해서 새로운 철학을 주창한 것이다. 자기 존재의 자명성에서만이 아니라 자기의식 안에서 신의 이념이 자명한 것임을 증명했던 그러한 이념으로, 이성의 진리를 경험 세계에 적용하기 위한 보증을 찾을 수 있다는 사실은 아주 자명하다.[47] 이러한 사실은 신칸트학파에게——이전의 철학은 전향되었지만——후설조차도 명료성과 일관성이 없는 것으로 보았지만——그만큼 형이상학의 문제는 퇴색된 것으로 보였다. 그러나 사실 데카르트에게 형이상학의 진리에 대한 그의 새로운 사유의 전체 요지는 단지 고대의 진리 개념의 배경에서만 그리고 신적인 보증 아래에서만 새로운 과학이 근거 지어진다는 것이다. 그래서 데카르트는 체계가 통합할 수 없는 것을 통합하려는 위대한 철학적 체계의 시대 초기에 있었으며, 이 위대한 철학적 체계는 과학 연구의 특수성으로 개별화한 것을 우리의 세계 경험의 전체로 안배하려고 시도한 점에서 그들 나름의 문제와 특징이 있었다. 바로 이것이 그 당시 등장하고 오늘날까지 철학의 '사태들'에 이어지고 있는 무비판적 통로의 비밀을 가진 철학 '체계'의 의미이다. 보편 수학Universalmathematik과 개별 형이상학을 종합한 라이프니츠G. W. Leibniz 체계의 위대한 모범은 바로 이러한 새로운 과학 이념을 형이상학의 전통으로 매개한 것으로 철학을 정의하는 데 있다. 칸트 자신의 비판적 업적은 보다 새로운 철학의 총체적 과제와 연관해서 보면, 과학의 사실성을 초월론적 반성에 의하여 신칸트학파적으로 정당화하려는 의도와는 물론 많이 다르다. 칸트가 라이프니츠의 종합과 여러 개념으로 된 인식의 이념을 '독단적 형이상학'이라고 비난하고 비판철학을 통해 반박하지만, 분명 칸트 자신은 아직도 형이상학의 문제 지평에서 머물고 있다. 칸트의 도덕철학은 전통적 형이상학의 본질적 내용을 자유의 이성적 사실성의 바탕에서 새롭게 정당화했을 뿐 아니라, 자연 형이상학의 개념, 즉 자연의 근본 개념들을 그가 전개하고자 한 순수 이성 과학의 형이상학의 개념에로까지 의미를 부여했다. 그러나 철저한 칸트 후계자들[48]의 대담한 시도는 경험의 후천성과 이성의 선험성을 하나의 완성된 통일성으로 고양시키고, 이를 형이상학의 사유로 확고히 하며, 그리고 최후에는 철학적 학문의 통일을 모든 앎의 통일로 이끌어내려 한 것이다. 분명 이러한 시도는 물리학을 다시 사변적으로 만든다든가, 자연 인식의 여러 측면에 나타나는 진보를 하나의 개념적 필연성으로 요구하는 자연철학으로 종합한다든가,[49] 그리고 이와 똑같이 역사적 경험의 무한한 영역을 자기 자신을 개념화하는 정신의 필연성에 종속시키는[50] 것에 대한 좌절을 선언하는 것이다. 그러나 이러한 과제는 철학적 이성을 지지하는 것에 머물며 모든 앎을 하나의 전체로 되돌려 묶어버리는 것이다.

이것은 자연과 정신과 역사 안에서 하나의 동일한 '이성'의 실현화를 인식하는 것은 아닌가? 헤겔이 로고스라는 그리스 개념으로부터 철학적 학문의 기초적 원리인 초월론적 논리학[51]을 전개한 것은 결코 우연이 아니다. 플라톤의 문답법을 새롭게 한 헤겔은 자신이 과학학문의 시대에 자기의 안목으로 전통의 끊임없는 생명의 힘을 입증한 철학자인 동시에 과학학문의 전통에 그리스적 시원이 있음을 고백하고 있다. 이는 소크라테스가 두 번째로 좋은 여행이라고 말한 것임과 동시에 플라톤이 여러 로고스logoi로 도피하는 것이라고 표현한 바로 그 세계이다.[52] 헤겔 역시 이를 의사소통으로 이해하고 이해하는 세계의 방향 전환을 따르고 있다. 만약 어떤 사람이 어떤 것을 '좋다'고 인식한다면, 그 사람은 자기 자신의 상황을 이해하는 대로 세계를 이해하며 있는 것이다. 이는 사형을 기다리는 소크라테스에 대해 플라톤이 말한, 기억할 만한 자기 정당화라는 방식으로, 하나의 세계 이해를 철학적으로 정당화한 것이다. 이러한 세계 이해는 비록 과학의 개념과는 더 이상 일치하지 않지만, 우리 자신의 세계 경험을 배제하고 생각할 수 있는 것은 아니다.[53] 헤겔이 철학과 과학을 종합하고, 그리고 철학이 붕괴되고 종국에 이른 후에도 자기의 길을 가기 시작한 과학학문의 시대는, 이 전통의 유산을 더 이상 완전하게 보전하지는 않는다. 이 바탕에는 무엇이 '철학이고 또 과학인가?'라는 질문이 있다. 즉 과학의 시대에 앎과 지혜의 그 위대한 인류의 유산을 지키고 그 진리를 증명하는 길이 아직도 있다는 것인가?

이러한 것이 단적으로 복고를 통해서 이루어지는 것은 아니라는 사실이 19세기를 지나면서 철학이 전체로서 경험했던 공공적 의미 상실로 나타난다. 여기에 쇼펜하우어와 니체 같은 철학의 위대한 예외자들이 있다. 19세기를 우리는 '인식론'이라고 규정하는데 인식론이라는 말을 처음 한 사람은 헤르만 로체Hermann Lotze[54]도 첼러Eduard Zeller도 아니다. 그 당시 '세계관Weltanschauungen'이라는 말은 유행어처럼 널리 사용되고 있었다. 참된 전체를 의미하는 복수plurale tantum[55]로, 비록 과학에 근거를 두고 있기는 하지만 완전한 과학적 검증을 인정하지 않는 세계관의 상대성이 이미 말해지고 있었던 것이다. 〔이처럼〕 세계는 세계관의 사유로 변화하고 있었다. 〔한데〕 이 세계관의 사유가 〔하나가 아닌〕 해소될 수 없는 전체라는 복수로 변화하는 것과 일치하는 것이 〔다름 아닌〕 역사의식의 전개이다. 역사학파의 철학적 대표자 딜타이[56]는 철학적 과제가 바로 세계관의 다양한 근거를 "사상을 형성하는 삶의 일" 안에서 찾는 것이라고 본다. 그러나 이는 세계 해명의 전체에 대한 의미이다. 세계관의 복수는 세계 해명을 표현하는 일을 철학이 인식의 요구 일반으로 더 이상 진지하게 받아들이지 않고, 인류의 문화 창조(예술, 법, 종교 등등)와 같이 삶의 표현으로 여기는 데서 비롯된다. 삶의 표현은 비록 그 자체가 과학학문적 인식 대상이 될 수 있기는 하지만, 표현 현상에 의해 자신을 아는 것은 아니다. 세계관은 이와 같이 과학학문적으로 취급하려는 사유 형식의 유형론이 되었다. 사실 그 배후에는 어떠한 논증의 기술로도 해결할 수 없는, 즉 개념으로 인식하는 철학의 모든 요구에 대해서 반대하는 역사적 상대주의의 근본적 항변이 감추어져 있다.

이와 더불어 20세기에 과학과 철학 사이에 소외가 발생하는 상황이 초래되었다. 사람들은 소외를 철학의 과제로 다루면서 세계관의 여러 형태에서 인간 사유의 붕괴에 대한 확실한 파악을 요청하기에 이른다. 그것은 특히 과학적 앎이 어떠한 세계 정위도 수행할 수 없었던 한계상황에 대한 경험으로부터 실존의 본래 개념을 발전시킨, 다시 말해 실존의 이성을 타당성으로 가져온 실존철학의 업적이었다. 그러나 과학은 실제로 과학에 강요된 정당성 안에 홀로 방치되어 철학의 근거 요구에 내몰리고, 동시에 철학은 실존 운동성의 근거에서 초월의 암호를――형이상학으로, 종교로, 예술로 떠넘김으로써 사적인 불빛으로 내몰렸다.

그러한 철학의 사적인 일에 저항하는 것이 인류 문명이라고 해서 이 인류 문명이 과학의 일반적 의미는 아니다――사적인 것으로 물러나 자기 보존을 하려는 것이 철학의 운명이기도 하다. 그렇지만 외적인 것과 대립해서 철학이 내면성의 영역과 이성적 자유의 영역을 방해받지 않고 보존할 수 있었던 보다 외적인 어떤 요인이, 과학의 사회적 기능과 과학 기술의 가능화인 것도 아니다. 인간 사회 내부에서 여론 형성과 판단 형성의 기술로 특히 과학의 의미가 증대되고, 과학이 세계의 방향을 정향Weltorientierung해가려는 한계 때문에 인간 사회는 실존 이성을 끌어들이는 것을 금하고 있다. 그것을 더 이상 허용하지 않으려는 것이 우리 시대의 특징이다.

철학은 최초의 권리인 정향설명Rechenschaftsgabe하는 오래된 과제를 이제는 과학을 통해서 형성된 삶에 돌려주어야만 한다. 철학이 방향을 지시하거나 정정하면서 여러 과학에 관여하는 것을 포기해야 한다 할지라도, 철학으로부터의 과학의 독립은 동시에 철학의 책임상실을 의미한다 —— 물론 도덕적 의미에서가 아니라, 철학이 인간적 현존재의 전체에, 무엇보다도 자연과 사회에 철학을 적용하면서 자기 자신이 무엇을 의미하는지 해명하지도 못한다는 부적합성의 의미에서 그렇다. 그렇다고 해서 소위 과학 이론을 과학의 철학적 일로 보라는 것은 물론 아니다. 그러나 철학이 정말 설명하는 자리에 있으려면 철학은 과학의 일을 내재적으로 정당화하는 것을 넘어서지 말아야 하는 것인가? 철학의 설명이 스스로 앎의 전체를 의미하는 것이 아니고 앎의 전체 안에서의 과학을 의미하는 것이어야 하지 않는가? 철학이 옛날부터 제기해온 문제와 포기할 수 없었던 문제만이 아니라, 칸트가 "모든 것을 다 해체해버리는" 비판 후에도 그리고 19세기에 '사변적인 일'이 신용 추락을 겪은 후에도, "과학의 통일"이라는 이상이 모든 '형이상학'을 심판한 후에도 철학과 과학은 여전히 충돌하고 있지 않았는가? 내가 지금 지적하고 싶은 것은, 철학은 단지 모든 과학 뒤에 숨어버린 보편적 선험주의로 되돌아가 물어야만 한다는 것이 아니라, 자기 정당화의 사고가 모든 과학 이론의 바탕에 있으며 모든 과학은 자기 정당화를 넘어서 이를 강요한다는 것이다. 현상학은 그런 의미에서 한층 더 모든 과학적 방법론을 넘어서 있으며, 자연적 세계 경험과 그 방법론의 구성적 개념을 밝히려고 시도하는 점이 신칸트학파의 나머지 여러 형태와 대립하는 현상학의 특성이기도 하다. 철학적으로 설명을 부과하는 것과 연관해서 후설57 후기에 중요한 역할을 한 '생활 세계'라는 표현은 이에 대해 뚜렷한 족적을 남긴다. 그러나 바로 여기에서 현상학은 '최종의 근거를 줌'이라는 현상학적 이념의 한계에 부딪힌다. 순수 의식의 학으로서 현상학의 자기 연관성이라는 어려운 문제는 특히 자아의 초월론적 자기의식과 관련된 시간성을 자기 구집selbstkonstitution하는 현상학의 모든 시도를 와해시켜버린다. 하이데거의 의식 개념 비판과 하이데거58의 존재론적 선 파악성의 발견은 (이 어려운 문제의) 결정적 타개를 의미한다. 바로 이것이 그의 주저《존재와 시간》에서 말하는 존재 문제 〈서론〉의 본래적 요지이다. 하이데거의 존재 문제에 대한 새로운 시도의 의미는 존재의 시간성, 다시 말해서 존재 문제의 지평을 열어준 존재의 유한성과 역사성이 단순히 초월론적 의식을 대신하는 것이 아니라, 초월론적 근거를 만들어놓으려는 모든 사고 형식을 완전히 바꾸어놓은 데 있다. 여기에는 과학의 객관 개념은 존재론적으로 인간 현존재의 파생적 양태로서, 모든 것은 세계 의존성의 파생적 양태로서 이해될 수 있다는 중요한 통찰을 담고 있었다. 우리가 바보들이 아니고서는 그러한 존재론적으로 파생된 형태로 과학의 의미를 제한하거나 과학의 정당성을 낮게 평가하지는 않을 것이다. 그러나 철학이 철저하게 문제를 제기하지 않는다면 과학이 스스로 정당한 일을 하는 그 자리에 (철학이) 종사하는 것처럼 보일 수도 있다. 하이데거의 사유가 알려준 존재론적 통찰의 핵심은 바로 과학은 존재의 이해에서 나오는데 과학이 오히려 그 존재 이해를 강요한다는 데 있다. 과학은 각각의 자리를 자기 스스로 요구하도록 강요하여 어떠한 자리도 과학 없이는 빈자리로 놓아두지 않는다는 것이다. 이는 오늘날 독단적으로 남용되는 것은 형이상학이 아니라 오히려 과학이라는 사실을 말한다.

독단적 전제에 대한 비슷한 비판은 논리적 경험론의 영역에 대해서도 이루어진다. 하이데거가 현상학을 비판하면서 자기의식의 필-당연적(필증적) 명증성이 존재론적 선입견임을 밝힌 것처럼 논리적 경험론의 개념도 독단적 요소를 가지고 있다.[59] 특히 이것은 모든 인식의 바탕인데, 이 인식의 바탕은 감성적 지각 내지는 관찰의 직접성을 바탕으로 하는 독단적 요소이다. 이미 빈 학파[60] 초기에 소위 과학 이론의 기초적 명제가 확실성을 가지는가라는 근본적인 논쟁이 있었다. 그리고 보고 형식의 명제 개념이 확실성의 근거를 갖기에는 불충분하다는 사실이 얼마 안 가 입증되었다. 그러한 확실성은 결국 이론 전체를 여러 명제 기능으로부터 끌어낼 수 있다는 것인데, 그러나 이것은 역시 해석학적 명제가 아닐 수 없다. 전체적인 것이 여러 개별자로부터 규정되듯이 개별적인 것이 전체로부터 규정되기 때문이다. 그래서 귀납법적 논리 형식도 한층 더 날카로운 비판을 견디지 못했다. 일체의 회의를 벗어나는 확실성의 의미로 인식의 정당성이 불가능한 문제임을 알게 되면서 결국 빈 학파는 자기비판을 하기에 이른다. 이것이 그들의 업적이기도 하다. 분명히 과학 이론은 그 나름의 의미가 있고 그 나름의 타당성이 있으나, 경험이 부여하는 확증을 통해서만 그 의미와 정당성을 갖는다. 그러나 확증 계열의 증대만으로 인식의 확실성이 충분히 이루어지는 것은 아니다. 오히려 그보다는 반증을 남김없이 불식함으로써 오히려 그 허위성이 반증될 수도 있다. 칼 포퍼Karl Popper[61]가 검증 가능성 대신에 반증 가능성을 과학학문적 언표의 논리적 조건으로 삼은 것은 검증 논리학을 일관성 있게 극단화한 것이다. 물론 실제로 연구의 현실적 과정이 대립적e contrario[62] 자기 확실화로 한정되는 것은 아니다. 그러나 내 생각으로는 적절한 방식으로 과학의 문제를 설정하는 풍요로움은 그 물음에 '열려 있다'고 할 수 있다.—다시 말해 경험은 예상되는 확증을 거부할 수 있다.

내 생각에 만약 쿤Thomas Kuhn[63]이 패러다임의 의미를 연구의 진보라고 하는 관점에서 작업을 수행했다면 포퍼가 시도한 연구의 논리와 모순되지 않을 것이다. 과학의 진보와 결부되어 있다는 직선적 진보가 잘못된 양식화라고 비판한 《혁명*Revolution*》에 대한 쿤의 이론은 정당하다. 그는 불연속성을 밝히고, 이 불연속성은 패러다임의 근본적 시도들이 그때그때의 지배에 의해서 작용할 때 생긴다고 말한다. 물음의 '적절함Relevanz'에 관한 문제 영역 전체는 이 불연속성에 달려 있다——바로 이것이 해석학적 차원이다.

이와 비슷한 방식으로 세계를 논리적 구조로 재구성하는 것이 가능할 수 있으리라는 일의적인 과학 언어를 구축하는 길 역시 곤란해져 결국에는 언어 기호와 의미 사이의 일치라는 유명론적 이상을 극복하면서 처음으로 궁극적 근거를 가진다는 사상은 역시 이러한 물음 방식 속에서 어려움에 봉착하게 되었다. 바로 그것이 비트겐슈타인Wittgenstein[64]의 자기비판이었고, 그리고 전혀 다른 접근 방식을 열어놓은 것이 비트겐슈타인의 언어 놀이의 개념이다. 모든 언어의 근원적인 실천적 관계가 일의적인 과학 언어 대신에 나오고, 그와 더불어 인식을 근거 짓는 논리적 과제는 소위 언어 분석철학으로 바뀌었다. 언어 분석철학은 아주 다양한 언어 방식과 언어 놀이를 논리적으로 분석해나간다. 그래서 '진술 명제'에서 이론적 언어의 우위성 원칙이 최소한의 제한을 받게 된다. 결국에는 진술 명제가 이해되어야만 하는 그때그때의 진술과 말하기와 텍스트의 시선에 달려 있을 때, 예를 들면 바르게 이해되어야 할 때, 이해의 이러한 시선은 해석학적 근본 명제가 된다.

결국 단언할 수 있는 것은 포퍼가 전개한 이론은 철저하게 연구 논리에 제한을 두지 않은 시행착오적 이론이라는 점이다. 이 이론은 틀 속에 들어 있는 모든 것을 단축하고 모든 것을 양식화하며 논리적 합리성의 개념을 제시한다. 그리고 과학 연구의 영역을 넘어서 멀리 퍼져 나가며, 모든 합리성의 근본 구조와 '실천적 이성'의 근본 구조까지도 서술한다. 물론 실천 이성의 합리성은 단지 미리 주어진 목적을 위한 방편의 합리성으로만 이해될 수 없다. 우리의 목적이 미리 있다는 것은 곧 사회생활의 공동 목적을 형성하는 일이 실천적 합리성에 속하며 이 실천적 합리성은 우리를 규정하는 사회관계의 규범들을 비판적으로 자기화하는 것임을 확증한다. 모든 것이 이러한 방식으로 방법적 세계에 대하여 과학을 통해 습득된, 마음대로 처리할 수 있는 가능성까지도 실천적 합리성에 순응해야 하는 것이다.

물론 여기에서 물어야 할 것이 있다. 탈독단화의 방향으로 향하는 이러한 운동이 모두 논리적 경험주의에 의해서 과학 이론으로서 또는 과학의 처리 방식을 단순히 확대하는 것으로서 이해될 때, 결국에는 그 운동이 어떤 도구적 지식 이념으로 위치 지어지는 것이 아닌가. 이 문제에 대해 나는 언어 분석 또는 논리적 합리성의 기술(記述) 역시 자기 쪽에서 과학의 이념에 종속되는 것이라고 본다. 이것의 의미는 자기 자신이 인식의 진보를 위한 매개로 그리고 도구적 장비로 자리하는 것이 아닌가 하는 의문이다. 이러한 사실은 물론 언어 분석의 자기 이해의 한계이며 언어 분석의 자기 정당화의 한계이다. 그렇다면 과학학문의 연구가 언어 분석에 복종하는 것을 거절하는 일이 첫 번째 연구가 될 것이다. 만일 과학학문 연구가 추구하는 철학적 정당화의 과제를 과학학문 연구가 진지하게 받아들인다면, 과학학문 연구는 이러한 한계를 넘어서야만 한다. 언어가 항상 질서 안에 있다는 비트겐슈타인의 확증은 그러한 면에서 위대한 통찰이다. 그러나 이러한 통찰이, 언어 놀이를 올바르게 구별하여 밝혀내는 방식으로 가상의 문제를 해결하는 일로 제한된다면, 그것은 기술학(技術學)적인 오해를 함축하게 된다. 진실로 언어가 질서-안에-있음은 그 이상으로 있는 것이다. 언어가 언어의 일을 하는 바로 거기에, 즉 언어가 의사소통의 일을 완전히 수행하는 바로 거기에, 언어는 이제 기술학적으로 작용시키거나 또는 자기가 이해된 것을 유기학적으로 작용시키지 않는 이해하는 일 그 자체가 된다. 어떤 공동적 세계를 세우는 데까지 그 안에서 우리는 서로 이해하는 언어로 말하고—— 아니 동일한 언어로 말한다. 이것이 우리 인간 삶에서 언어가 가지는 상황이다. 언어의 상황은 그 어떤 정보기술학에 의하여 대체될 수도 없고 배제될 수도 없다.

우리는 과학 그 자체에 이미 해석학적 차원이 본래적으로 담지되어 있으며, 그리고 근거돼 있음을 증명했다 ——자연과학에서는 과학학문이 규범의 차원으로, 그리고 문제 제기의 중요한 차원으로 입증된다. 사회과학에서는 이와 비슷하게 과학학문이 공동의 파트너인 사회 기술자의 자기 지양으로 기술된다. 역사과학에서는 과학학문이 지나간 시간과 현재와 내일을 지속적으로 매개하는 일을 한다.

왜냐하면 역사과학학문에서는 인식하는 주체와 그 대상의 외형적 대립을 완전히 지양하기 때문이다. 우리가 대상성이라고 부르며 인식의 익명화를 감수하는 바로 그곳은 단지 어떤 제한만이 아닌, 그 대상을 경험하는 징표이다. 이때 과거의 역사적 인식은 인간성의 가능성 전체 앞에 우리를 세워놓고 동시에 우리를 미래와 매개한다. 바로 이것이 존재를 시간으로 생각하고 단순히 이해만 하는 의미 전통의 관념론을 '사실성의 해석학Hermeneutik der Faktizität'으로 대치시킨 하이데거의 힘찬 사유 추구를 우리 모두가 배워야만 하는 〔이유〕이다. 그래서 우리가 살고 있는 전승이—그리고 우리가 세우고 소유하면서 계속 증여하는 이 모든 전승이—과학학문적으로 문제를 지배하는 대상 영역만을 제공하는 것이 아님은 말할 나위가 없다. 그리고 그 전승이 미지의 것에 대한 우리의 지식 지배를 확장하는 것이 아님은 말할 나위가 없다. 오히려 우리 자신이 현실적이며 우리에게 다가오는 여러 가능성과의 매개이며—있을 수도 있고 일어나고 있으며 우리가 되고 싶어 하는 바로 그것과의 매개인 것이다.

이와 같이 학문은 학문 스스로 학문의 종합적인 기능을 인식하는 경우에 적어도 인문학이라는 과학학문으로—적어도 본질에서 학문성은 과학성이듯이—사회과학으로 도달할 수 있는 학문성을 가진다. 이 학문성은 그 자연과학 또는 사회과학으로 하여금 그것의 한계를 알게 하는 그 사실 때문에 상실되지 않는다. 그렇다면 그것은 '과학학문 이론'인가 아니면 철학인가?

해제

실현의 진리를 구하는 가다머의 해석학

1. 가다머의 생애와 저작

현대가 낳은 위대한 철학자 한스 게오르크 가다머Hans-Georg Gadamer는 1900년 독일의 마부르크에서 태어났다. 그리고 두 살 때 약화학 교수인 아버지를 따라 지금은 폴란드 땅인 브레슬라우로 가 19세 되던 해 다시 마부르크로 돌아올 때까지 대부분의 시간을 그곳에서 보냈다. 브레슬라우 시절의 가다머는 대철학자를 예감케 하는 철학적 성향을 보이지는 않았다. 오히려 그는 아버지의 영향과 당시 유럽 사회가 맞이한 과학 기술의 발전에 따른 변화에 고무되어 인문학보다는 군사 문제에 더 관심이 많았다.

그런 가다머에게 변화가 일기 시작한 것은 김나지움에 진학해 슈테판 게오르게Stefan George의 시를 접하게 되면서부터였다. 1차 세계대전의 종료와 함께 극심한 경제적 어려움과 정치적 혼란에 처한 독일의 상황에서 게오르게를 통해 사회, 정치, 문화에 눈뜨게 된 가다머는 점점 민주적이고 공화적인 성향을 띠어갔다. 그리고 대학에 들어가 신칸트학파를 만나게 되면서 철학에 관심을 갖게 된 가다머는 본격적으로 철학 공부를 하기 위해 1919년 고향인 마부르크로 돌아온다.

마부르크 대학에서 신칸트학파인 하르트만Nicolai Hartmann과 나토르프Paul Natorp 그리고 쿠르티우스Ernst Robert Courttius 등을 만난 것은 가다머가 고전 철학과 문헌학 쪽으로 연구의 방향을 잡는 계기가 되었다. 실제로 가다머는 1922년에 나토르프의 지도 아래 쓴 논문 〈플라톤의 대화에 있어서의 기쁨의 본질Das Wesen der Lust in den platonischen Dialogen〉로 철학 박사 학위를 받는다.

마부르크에서의 또 다른 중요한 만남은 불트만Rudolf Bultmann 신학 학파와의 만남이다. 가다머는 15년 넘게 이들과 교류하며 고대는 물론 근대와 현대에 이르기까지 문학과 철학에 대해 폭넓게 연구와 토론을 했고, 그러면서 사유의 중요한 한 축을 형성해갔다.

그러나 무엇보다도 가다머에게 가장 중요한 학문적 만남은 1922년 하이데거Martin Heidegger를 만난 일이다. 당시 하이데거는 프라이부르크 대학에서 후설Edmund Husserl의 조교로 점차 이름을 알려가고 있었다. 가다머는 하이데거를 통해 철학이 신칸트학파의 날카로운 논증이나 고전에 대한 연구 이상의 그 무엇이어야 함을 깨닫고, 하이데거 수하에서

5년간 연구에 매진한다. 이때 후설의 현상학과 하이데거의 철학 연구 방법을 새롭게 터득한 가다머는 1929년 하이데거의 지도하에 쓴 〈플라톤의 변증법적 윤리학—필레보스에 대한 현상학적 해석Patos dialektische Ethik—Phänomenologische Interpretationen zum Philebos〉이라는 논문으로 교수 자격 시험을 통과하고 대학 철학 강사의 길로 접어든다.

카를 뢰비트Karl Löwith, 게르하르트 크뤼거Gerhard Krüger와 더불어 마부르크의 명강사로 불리던 가다머는 10년의 강사 생활 끝에 마침내 1937년 "헤겔과 역사 정신"이라는 취임 강연을 통해 라이프치히 대학의 교수가 된다. 나치의 지배가 시작되면서 정권의 탄압을 받기도 하고 이용을 당하기도 하는 어려운 시절을 겪지만 그는 혼란한 시기를 비교적 무탈하게 넘기고, 전쟁이 끝난 1946년에 라이프치히 대학의 총장이 된다. 가다머의 총장 취임 연설에서 나온 "사물에 대한 객관성", "자기 자신에 대한 정직성", "타자에 대한 관용성"이라는 말은 하이데거의 프라이부르크 대학 총장 취임 연설에서 나온 "근로 봉사", "국방 봉사", "학문 봉사"라는 말과 종종 비교되면서 가다머를 정치보다는 학문에 전념코자 노력한, 그러나 학문적 양심과 자유에 반하는 일에 대해서는 소신에 따라 행동하기를 주저하지 않았던 학자로 기억하게 한다. 이러한 가다머의 태도는 1947년 사회주의가 등장하자 그가 바로 학문의 자유를 위해 프랑크푸르트암마인 대학으로 자리를 옮기는 데서도 그대로 나타난다.

그러나 가다머는 그동안의 후유증 때문인지, 프랑크푸르트암마인에서의 생활을 그 스스로 삶의 막간극이라고 표현할 만큼 이곳에서 아무런 학문적 활동을 하지 않았고, 2년 뒤인 1949년에 야스퍼스Karl Jaspers의 후임으로 하이델베르크 대학으로 와서야 본격적인 활동을 재개했다. 가다머는 그곳에서 마부르크에서처럼 신학부와 가깝게 지내면서 비로소 정신적인 안정을 찾는다. 그 덕분에 1953년에는 독일에서 가장 정평 있는 철학 잡지인《철학 전망*Philosophische Rundschau*》을 재발간했고, 1960년에는 그동안의 강의록을 모아《진리와 방법*Wahrheit und Methode*》을 출간한다.

그의 나이 60세에 펴낸《진리와 방법》은 미학 및 해석학의 역사, 그리고 역사철학과 언어철학에 대한 수십 년간의 그의 연구가 집약되어 있는, 그의 철학을 집대성한 책이다. 가다머는 이 책을 '철학적 해석학의 기본 특징'이라는 제목으로 출간하려 했을 만큼 이 책에서 해석학의 철학적 근거를 새롭게 제시하고 있다. 즉 보다 더 잘 이해하기 위한 방법론으로서의 기존 해석학이 아니라, 이해하며 해석하는 일 자체가 인간에게 존재론적으로 있다는 철학적 해석학을 주창하는 것이다.

이 책의 출간은 자연과학의 방법론에 의해 인도된 당시의 계몽주의의 학문 풍토에서 상당한 반향을 불러일으키며 커다란 논쟁을 낳았다. 이탈리아의 법률 해석학자 에밀리오 베티Emilio Betti가 학문의 객관성 문제를 제기하면서 시작된 세기의 논쟁은 아도르노Theodor Adorno 등과의 실재성 논쟁으로, 하버마스Jürgen Habermas로 대표되는 이들과의 이데올로기 논쟁으로, 다시 데리다Jacques Derrida와의 해체 논쟁으로 이어지면서 서구 지성사에 풍성한 학문의 시대를 열어간다.

가다머는 오해를 불식하고 이해를 돕기 위해, 5년 뒤인 1965년에《진리와 방법》2판 서문에서 자신의 철학에 대한 해명을 해나간다. 즉 자신의 철학은 방법이 아닌 진리에 대해 묻고자 하는 것이며, 이 진리란 실체적으로 실재하는 것이 아니라 늘 달리 이해하며 자기를 실현해나가는 이해의 운동임을 분명히 한다.

가다머의 처녀작이자 대표작이 된《진리와 방법》은 모두 3부로 구성되어 있는데, 제1부는 예술 경험의 진리 문제를, 제2부는 진리 문제를 정신과학의 이해로 확대하는 문제를, 제3부는 언어를 실마리로 하여 해석학의 존재론적 전환을 다룬다. 가다머가 곧바로 정신과학에서의 진리 문제를 다루지 않고 예술 경험의 진리 문제를 먼저 다루는 것은 이전의 실재론적 진리와는 전혀 다른 새로운 차원의 진리를 제기하기 위해서이다. 즉 참여하는 자만이 경험할 수 있는 이해의 운동을 진리로 개진하려는 것이다.

그래서 가다머는 미적 차원의 초월 문제에서 정신과학의

인문주의 전통의 의미를 교양과 공통 감각, 그리고 판단력과 취미의 문제를 통해 찾아나가며, 칸트Immanuel Kant 미학과의 대결을 시도한다. 가다머는 칸트의 미학을 주관화의 미학이라고 비판하며, 예술 작품의 존재론적 측면을 놀이의Spiel 개념을 통해 해석학적 진리 개념으로 새롭게 연결해간다. 이에 근거하여 정신과학의 진리 문제로 확장해가는 제2부에서는 해석학의 문제를 본격적으로 전개하기 위해, 계몽주의 해석학과 낭만주의 해석학의 차이를 역사학파의 문제와 연결해 논증한다. 그리고 이들과 다른 새로운 인식론, 즉 현상학에 근거한 이해의 해석학을 주창한다. 바로 이것이 가다머 철학의 핵심 내용이라고 할 수 있다. 가다머는 여기에서 계몽주의가 불식하고자 했던 선입견을 역사성의 차원에서 해석학의 이해의 선구조로 되살려내며, 권위와 전승 그리고 영향작용사라는 해석학적 경험의 원리로 고양해간다. 그리고 이 문제를 시간 간격을 극복하는 해석학적 현실성의 문제에서 적용의 문제로 다루며 반성 철학의 한계를 넘어서고자 한다. 가다머는 이러한 실례로서 법률적 해석학을 통해 해석학적 진리란 특정한 신학적 해석학에서만이 아니라 실생활의 모든 부분에서 일어나는 것임을 밝히며, 해석학적 진리를 다시 고대의 아리스토텔레스의 실천 이성으로, 그리고 플라톤의 변증법으로, 대화로 이어가면서 해석학이 방법론이 아닌 존재론이어야 하는 까닭을 거듭 밝힌다. 그리고 제3부에서는 언어의 문제를 통해 이를 다시 한번 논구한다. 사람은 언어를 통해서 사유하고 언어를 통해서 이해하고 언어를 통해서 행위하며 살아가기에, 언어는 단순한 지시적 의미의 대상적 언어가 아니며, 존재들의 세계 경험을 담는 존재론적 지평을 갖는다. 따라서 언어는 이해하고 해석해야 할 해석학적인 언어인 것이다. 가다머의 이 언어에 대한 생각은 그 어느 부분보다 하이데거의 영향이 크게 드러나는 부분이라고 할 수 있다. 즉 가다머의 언어는 '언어는 존재의 집'이라는 하이데거의 언어관에 기초하고 있다. 그러나 하이데거의 언어가 존재를 드러내는 것에 머문다면 가다머의 언어는 한 걸음 더 나아가 구체적 행위를 하게 하는 힘으로서, 말씀으로 세상을 창조했다는 기독교의 언어관과 맥을 같이한다. 실제로 가다머도 종교언어에 대해 많은 부분을 할애해 설명하고 있고, 이것이 나중에 성서 해석학에 새로운 지평을 열어주기도 한다.[65]

이처럼 가다머가 해석학의 문제를 존재론으로 고양시켜나가며 해석학을 자연과학의 방법론이 아닌 정신과학의 진리의 물음으로 새롭게 개진하는 것은 그의 유년 시절의 경험과 무관하지 않다. 유년 시절 유럽을 휩쓸고 있던 자연과학 기술 문명에 대한 환상이 나치로 인해 여지없이 무너지는 경험을 한 가다머가 자연스럽게 자연과학의 문제점에 관심을 쏟고 이를 극복하는 일에 매진했으리라는 상상은 그리 어려운 일이 아니다. 그리고 그는 자연과학의 문제점 극복을 자연과학이 기초하고 있는 계몽주의가 아닌, 인간 사유의 또 다른 위대한 전통인 낭만주의에서 구하고자 한 것이리라. 이러한 태도는 그가 마부르크 시절에 불트만 신학파 사람들과, 하이델베르크 시절에 신학부 사람들과 끊임없이 교류하며 연구해온 사실에서도 찾아볼 수 있다.

그의 이러한 학문적 태도는《진리와 방법》에서만이 아니라 1980년에 출판된《대화와 변증법*Dialog und Dialiktik*》, 1982년에 출판된《과학 시대의 이성*Vernunft im Zeitalter der Wissenschaft*》에서도 여실히 드러난다.《대화와 변증법》에는 근대에 축소되고 왜곡된 이성의 작용을 고대의 플라톤, 소크라테스에게까지 소급해 이성의 본래적 의미를 되살려내려는 그의 의도가 충실히 반영되어 있으며,《과학 시대의 이성》에서는 근대 과학 기술의 발전에 토대를 제공한 도구적 이성의 문제를 심도 있게 논구한다.

가다머는《과학 시대의 이성》에서 다음과 같은 목차로 논의를 전개한다. 1. 과학(학문)의 철학적인 것과 철학의 과학(학문)성에 관하여 2. 헤겔 철학과 오늘날까지의 영향 3. 실천이란 무엇인가——사회적 이성의 조건들 4. 실천철학으로서의 해석학 5. 철학으로 향하는 인간의 본래성에 관하여 6. 철학이냐 과학 이론이냐.

목차에서도 알 수 있듯이 가다머는 '과학 기술 시대의 철학함'의 문제를 과학과 철학의 관계에서 과연 이성은 어떻게 작동되는가를 통해 고찰해나간다. 가다머는 데카르트René Descartes 이래로 정신과 물질이 분리되면서 근대의 이성은 윤리적 책임으로부터 자유로워진 물질을 대상으로 자연과학 기술을 발달시켜왔으나, 이때 이성은 물질로부터 스스로 소외된 협소화된 도구적 이성으로 전락하게 되고, 그 결과 오늘날의 많은 문제들, 즉 환경오염, 인간성 상실, 비인간적인 삶 등의 문제들이 초래되었다고 본다. 다시 말해 가다머는 근대 이성의 자기 소외가 바로 철학함의 부재를 가져왔고, 철학함의 부재가 결국 인문학의 위기를 초래하며 인간 삶의 총체적 위기를 가져왔다고 보는 것이다.

이러한 문제를 구명하기 위해 가다머는 하이데거를 지렛대로 삼아, 근대 과학 기술 문명의 토대를 제공한 헤겔G. W. F. Hegel, 칸트, 데카르트를 비판하면서 중세의 신비주의를 지나 고대의 플라톤까지 거슬러 올라가는 비판의 여정에 오른다. 그리고 그 과정에서 철학함의 문제를 다시 고찰하면서 이성의 본래적 의미가 무엇인지를 밝히며, 다시 고대로부터 현재로의 이행을 강행한다. 그래서 그는 오늘날의 방법과 이론으로 대치되어버린, 실증과학과 같이 강단 안에 갇힌 개별 학문으로서의 철학함이 아니라, 지금 현재 나의 삶과 하나로 있는 철학함의 의미를 고대의 인문학적 전통이 살아 있는 길을 따라 현재에 이르기까지 규명해 나온다. 바로 이것이 인간 이성의 본래적 의미를 되찾는 일이라 여기는 것이다.

가다머는 근대 자연과학의 발달을 가져온 도구적 이성이 과연 인간 이성이라고 할 수 있는가를, 이성의 문제를 가장 극단적으로 확대해나간 헤겔을 통해 다시금 물어나간다. 그래서 이성의 문제를 도구적 이성이라는 협소한 의미에서 다루는 것이 아니라, 인간이 성찰을 통해 주어진 모든 것과 더불어 마주하는 현실의 문제를 하나로 융합하며 늘 달리 자신을 실현하며 나오는 일이 이성의 작용임을 밝히고자 한다. 다시 말해 가다머는 이성의 의미를 이전과 달리 '이해'에서 구하는 것이다. 이때 이해란 물론 대상에 대한 앎의 차원이 아닌, 그렇게 이해함이 곧 그렇게 존재하는 일임과 동시에 구체적으로 실천하는 일 자체를 뜻한다. 바로 이 구체적으로 실천하며 나오는 일이 철학함이다. 그러므로 철학이란 무엇에 대한 앎을 구하는 학문이 아니라 구체적인 삶 속에서 날마다 자신을 새롭게 만들며 나오는 일이다.

근대의 이성이 감성과 대립하는 관계라 한다면, 이해는 이 모든 것과 하나로 융합하며 늘 달리 새로워지는 무한의 운동으로 있다. 이 이해의 운동에서 존재는 자신을 늘 달리 새롭게 만들어간다. 가다머는 철학을 무엇을 아는 이론의 학문으로 여기지 않고, 구체적인 존재로 생성하며 나오는 실천 학문으로서의 철학함을 해석학이라고 부르는 것이다.

가다머는 이 책에서 헤겔로부터 자신의 철학함에로 나오는 길을 집중해서 보여준다. 다시 말해 가다머는 데카르트의 사유하는 인간의 길을, 칸트의 다양한 사유의 가능성을 따라, 헤겔의 이성의 변증법적 운동을 이전과 다른 관점에서 조심스레 읽어 나오며 헤겔을 만난다. 가다머는, 헤겔이 데카르트가 말한 이성을 극대화하면서 이성과 대립되는 다른 측면을 소외시키는 우를 범하기는 하지만, 그래서 물자체는 알 수 없다는 칸트의 겸손함을 비양하기도 하지만, 다른 한편으로는 현실적인 것은 이성적이요 이성적인 것은 현실적이라는 헤겔의 변증법적 이성의 운동이 삶 전체 영역으로 확대해간다는 점을 주목한다. 물론 헤겔의 이성의 운동이 계몽주의의 이성을 절대화하며, 이를 목적론적으로 이끌어가는 것은 사실이지만, 그럼에도 불구하고 헤겔이 이성의 운동, 즉 사유하는 일과 객관적 실재를 하나로 본다는 점에서 가다머 자신이 추구하는 철학함의 실마리를 제공한다고 보는 것이다. 다시 말해 철학이 강단 철학 안에 갇힌 이론의 개별 학문이 아닌, 삶 전 지평에서 현실의 모든 것과 함께하는 사유의 운동이 되어야 한다는 철학함의 문제를 가다머는 헤겔에게서 발견하는 것이다. 즉 기술 사회가 제공하는 편리함에 길들여져 스스로 사유하는 일을 잊어버린 현대인들에게 삶의 모든 영역과 하나로 있는 헤겔의 사유의 운동은 자신의 철학함의 문제로 나아오는 디딤돌이 될 수 있다고 그는 보는 것이다. 헤겔의 이성의 운동이 단순한 이성의 작용이기보다 이전과 다른 새로운 것을 만들어가는 변증법적 이성의 운동이라는 점에서 가다머는 더더욱 새로움이라는 생성의 운동 또한 본다. 그래서 그는 헤겔의 이성의 변증법적 운동을, 앞서 있는 전통과 마주하는 현실을 하나로 적용하며 있는 이해의 운동으로서의 지평 융합으로 달리 설명하면서, 이 이해의 운동을 존재하는 것과 동시적으로 있는 존재성으로 본다. 다시 말해서 존재하는 모든 것에는 바로 그렇게 존재하게 된 이해가 존재성으로 있다는 것이다. 이 이해의 운동이 우리를 늘 끊임없이 새로운 존재로 이끌어간다는, 존재와 사유의 동시성을, 달리 말해서 존재와 이해의 동시성을 주장하는 것이다. 이제 데카르트가 열어젖힌 근대의 이성을 절대화한 헤겔의 이성은, 이성만이 아니라 감성, 오성은 물론 그 모든 것과 하나로 있는 이해에서, 사유하는 인간의 존재를 온전히 해명한다.

가다머가 헤겔을 통해 자신의 철학의 문제를 파악하고자 한 데는 그가 헤겔 연구소 소장을 지낸 영향도 분명 있지만, 더 멀리 보면 무엇보다 그는 자신의 유년 시절에 독일 사회를 지배하고 한편으로는 사람들에게 꿈을 불어넣어 주고 다른 한편으로는 사람들을 절망하게 만들었던 헤겔에 대한 평가를 재시도해보고 싶었을 것이다. 왜냐하면 가다머는 헤겔 철학을 비판하며 등장한 신칸트학파를 통해 처음으로 철학을 접했고, 이 신칸트학파의 한계를 또다시 하이데거 철학을 통해서 극복해갔기 때문이다. 어찌 되었든 헤겔과의 연관 속에서 자신의 철학함을 새롭게 제기하는 가다머의 이러한 주장이 하이데거의 연장선상에서만 가다머를 보려 했던 그동안의 일관된 태도로부터 우리를 더 넓은 시야로 이끄는 것만큼은 분명하다.[66]

가다머는 지금까지 살펴본 책들 외에, 개념사를 위한 연구 모임과 개념사 문고를 만들어 요아힘 리터Joachim Ritter가 편찬한《철학 역사 용어 사전*Historische Wörterbuch der Philosophie*》을 발간하기도 했다. 그리고 1965년에는 독일철학회 회장을 지냈고, 1968년 대학에서 정년 퇴직을 한 후에는 하이델베르크 학술원 원장으로 재직하면서 자신의 철학처럼 학문의 통합과 학제적 통합 작업에 전력하기도 하고, 북미 등에서 강연을 통해 유럽 대륙 철학을 소개하는 데 힘쓰기도 했다. 이때 한 강연들을 묶어 펴낸 책들이《가다머 현대 의학을 말하다*Über die Verborgenheit der Gesundheit*》[67],《교육은 자기 교육이다*Erzie-hung ist sich erziehen*》[68], 그리고《고통*Schmerz*》[69] 등이다. 이 책들의 제목에서도 알 수 있듯이 가다머는 자신의 철학을 분과 학문으로서가 아니라 실천적 삶의 다양한 영역으로 확장해나갔다. 다행스럽게도 이 책들은 우리나라에도 번역본이 나와 있다.[70]

하이델베르크 생활에서부터 시작된 가다머의 지칠 줄 모르는 학문에 대한 열정과 전념은 그가 102세에 노환으로 세상을 떠날 때까지 계속되었다. 그가 연구와 강의 및 강연을 계속했기에 그것의 내용을 담은 소책자들도 계속 출간되고 있다. 또한 그의 모든 저작이 1985년부터 그가 직접 선택하여 엮은《선집*Gesammelte Werke*》으로 발간되고 있는데 2009년 현재까지 모두 열 권이 나왔다. 그 열 권의 차례와 내용은 다음과 같다.

제1권 해석학 I: 진리와 방법—철학적 해석학의 기본 특징들
제2권 해석학 II: 진리와 방법—보충 색인
제3권 새로운 철학 I: 헤겔, 후설, 하이데거
제4권 새로운 철학 II: 문제, 형성
제5권 그리스 철학 I
제6권 그리스 철학 II
제7권 그리스 철학 III: 플라톤의 대화
제8권 미학과 정치학 I: 언표로서의 기술
제9권 미학과 정치학 II: 자기실현으로서의 해석학
제10권 회상으로의 해석학

이 중에서 현재 우리나라에 번역된 것은 아쉽게도《진리와 방법》과 이번에 번역 개정한 《과학 시대의 이성》뿐이다. 이는 가다머의 사상이 아직 우리에게 충분히 알려지지 못한 현실을 그대로 반영해준다.

가다머에 관한 번역서로는 조지아 원키Georgia Warnke의

《가다머: 해석학, 전통 그리고 이성*Gadamer — hermeneutics, tradition and reason*》[71]과 카이 하머마이스터Kai Hammermeister의 《한스 게오르크 가다머*Hans-Georg Gadamer*》[72]가 있다. 그리고 가다머에 대한 국내 저술로는 다수의 학위 논문과 한국해석학회 학회지에 실린 다수의 논문이 있다.[73]

2. 가다머 철학과 철학사적 의미

가다머 철학의 핵심은 그 무엇보다도 진리의 개진이다. 실재성이 아닌 이해의 운동에서 진리를 구하고자 하는 가다머의 해석학은 도대체 진리란 무엇인가를 물을 수밖에 없었던 당시 독일의 혼란한 정세와 맞물려 있다. 자신이 처한 어려운 삶의 한가운데에서 무엇을 어떻게 해야 하는가 하는 물음은, 그대로 모든 것을 하나로 융합하며 가장 적합함Gemessenheit으로 나오고자 하는 그의 철학으로, 철학함으로서의 실천철학으로, 존재론적 해석학으로 이어진다.

근대 이후 촉발된 과학 기술 문명은 편리함과 미래에 대한 환상을 심어주지만 이것에는 반드시 대가가 따른다는 사실을 깨달은 가다머는 과학 기술이 표방하는 진리 개념이 아닌, 예술 경험으로부터 진리를 새롭게 구한다. 이를 위해 먼저 가다머는 교양과 공통 감각, 판단력, 취미 등 아직도 살아 있는 인문주의의 전통을 되살려내고, 과학 기술 문명이 토대로 삼고 있는 근대 사유와의 대결을 칸트의 미학으로부터 시작한다. 그래서 칸트의 미학을 대상에 대한 주관적 감정의 기술이라 비판하며, 예술의 존재론적 진리 개념을 놀이Spiel 개념으로 설명해간다.

가다머의 이와 같은 철학적 태도는 근대의 계몽주의가 지닌 한계를 지적하며 독일 낭만주의로 전환하는 것일 뿐만 아니라, 방법론으로부터 존재론으로의 해석학의 이행을 시도하는 것이다. 그래서 가다머는 슐라이어마허Friedrich Schleiermacher의 이해의 기술론이나 딜타이Wilhelm Dilthey의 정신과학의 방법론으로서의 해석학이 아닌, 하이데거의 현상학적 해석학에 의거하여 새로운 존재론적 해석학을 주창한다.

그의 이러한 해석학은 앞서 주어져 있는 선입견, 전통, 선이해를 계몽주의처럼 배제하기보다, 오히려 이와 더불어 하나로 융해하며 새로움으로 나아오는 것으로, 그 권위를 복권시킨다. 그리고 이를 전승, 선이해, 또는 영향작용사라고도 부르며, 마주하는 현실과 더불어 지평 융합하는 것이다. 그리고 이 지평 융합에서 이해의 운동을 해석으로, 적용으로 되풀이해 설명한다. 다시 말해 영향작용사인 전승과 마주하는 현실을 하나로 융합하는 것이, 하나로 이해하는 일임과 동시에 하나로 적용하는 실천인 것이다. 바로 여기에서 다른 해석학자들과 다른 가다머만의 철학적 특징이 드러난다. 그에게서 적용이란 아는 것을 차후에 실천하는 것이 아니다. 그에게서 아는 것과 실천하는 것은 하나이다. 즉 이해와 적용은 다른 것이 아니다. 이해의 구체적 실현이 적용인 것이다. 가다머는 이를 아리스토텔레스의 실천 이성pronesis과 더불어 설명하기도 하고, 법률 해석의 문제로 구체적으로 설명하기도 하며, 플라톤의 변증법과 대화에서 모범을 찾기도 한다.

그리고 가다머는 예술 경험으로부터 시작한 정신과학의 새로운 진리 개념을 다시 언어로 설명해간다. 해석학의 경험은 언어를 매개로 하기 때문이다. 그가 볼 때 언어에는 대상 규정의 언어와 수행 규정의 언어가 있는데, 해석학에서 언어란 세계 경험으로서의 언어를 말한다. 언어란 사실을 언명하는 것 이전에 말하는 사람의 세계관을 드러내는 하나의 해석이기 때문에, 말하는 자의 존재론적 지평을 열어준다. 그렇기에 언어란 언제나 해석이며 존재의 터가 된다. 따라서 언어가 말해진다는 것은 이해하며 해석하며 적용하며 존재를 드러내는 구체적 사건이고, 가다머에게 언어란 바로 존재를 늘 달리 새롭게 현현하는 힘이 된다. 늘 달리 새롭게 이해하고 적용하는 존재의 생성이 언어로 드러나는 것이다.

이와 같이 가다머는 예술의 경험을 통해, 낭만주의적 전통을 통해, 존재론적 지평으로서의 언어를 통해, 자연과학에 의해 전도된 진리 개념을 제자리로 돌려놓고자 한다. 그가 볼 때 자연과학의 진리란 삶의 전체성을 편리에 따라 그리고 목적에 따라 단순화해서 체계화하고 이론화해나간 하나의 방법일 뿐, 그것이 우리의 삶 전체를 해명해주는 진리일 수는 없다고 한다. 그래서 가다머는 근대 과학 기술이 토대로 삼고 있는 계몽주의 철학자들의 사유의 문제점을 파헤치고, 고대의 사유 안으로 깊숙이 들어가 진리의 본래적 의미가 무엇인지를 밝힌다. 그에게 진리란 아는 것이 아닌, 사는 일이다. 앎이 따로 있고 사는 것이 따로 있는 것이 아니라, 앎과 삶이 하나로 있는 것이다. 사람은 자기에 앞서 있는 것들과 함께 마주하는 현실을 하나로 융합하면서 가장 적합함으로 자신을 만들며 나오는 것이다. 자연과학의 실재성이 진리가 아니라 바로 하나로 이해하며 해석하며 적용하며 자기를 실현하는 이해의 운동이 진리인 것이며, 이것이 가다머가 말하는 해석학이며 실천학이며 철학함이다.

이해란 단순히 무엇을 알고 모르고 하는 차원이 아니며, 이해함이 곧 존재하는 일임을, 곧 이해와 존재의 동시성을 말해준다. 이해하는 만큼 존재로 구체화되는 것이다. 가다머의 해석학을 슐라이어마허나 딜타이 등의 해석학과 달리 철학적 해석학, 또는 존재론적 해석학이라 하는 까닭이 바로 여기에 있다.

가다머의 존재론적 해석학은 그가 후설의 현상학적 인식 방법에 따른 하이데거의 존재 해명에, 헤겔의 변증법적 운동의 자기 생성의 논리를 함께 논구해나간 덕분이라고 할 수 있다. 그뿐만 아니라 그의 박사 학위 논문과 교수 자격 시험 논문에서도 알 수 있듯이 플라톤을 비롯한 고대 학자들에 대한 깊이 있는 연구가 그의 철학을 사유의 깊이로 인도해준 덕분이기도 하다. 가다머는 특히 플라톤의 대화와 아리스토텔레스의 실천 이성을 새롭게 해석하며 자신의 철학으로 이끈다. 즉 그는 플라톤의 사상을 이데아 중심에서가 아니라 대화에서 보며, 아리스토텔레스가 플라톤의 사상을 실천 이성으로 전개해나가듯이 이를 이해로 전개해간 것이다. 그리고 이 이해를 헤겔의 변증법적 운동과 연결해 자기를 늘 달리 실현해가는 이해의 운동임을, 그리고 다시 하이데거가 존재를 현상학적 방법에서 해명하듯 이해가 존재의 존재성임을 주창하는 것이다. 그래서 늘 달리 새롭게 자기를 실현해가는 가다머의 이해의 운동은 니체가 말한 것처럼 자기 생성의 원인과 책임을 자기 안에 갖는 힘 있는 존재가 될 것을 권하는 것이다. 자기가 처한 상황 속에서, 그리고 마주하는 현실과 더불어 하나로 지평 융합을 하는 가운데 가장 적합함이 무엇인지를 나름으로 판단하며 자기로 나오는 존재야말로 참 자유로운 존재라 한다.

이러한 가다머의 철학은 실체적 실재론적 형이상학을 폐기하려는 니체, 그리고 하이데거에 이르는 사유의 연장선상에서 주변 학문에 지대한 영향을 끼친다. 이해가 다른 만큼 존재의 차이를 갖는 존재 이해는, 근대의 이성에 근거한 동일성의 논리에 따른 단순 비교나 우열과 차별을 지양하고 다름을 인정하며 다양성의 세계를 열어준다. 따라서 동일성에 의해 일방적으로 주입하는 이론적 교육이 아닌 스스로 경험하는 가운데 자기를 만들어가는 주체적 교육의 길을 제시할 뿐만 아니라, 신학, 사회문화, 정치경제 등에서도 반목하거나 분쟁하거나 투쟁하기보다는 상호 영향을 주고받는 이해의 관계로 전환할 수 있는 길을 제시한다.

먼저 교육학에서는 교수와 학생 간의 인격 대 인격의 만남 속에서 가르치는 자와 배우는 자의 구별 없이 배우는 자도 가르치는 자도 각기 그 나름의 자기실현을 해나갈 것을 주창하는 교육 철학이 새롭게 제기된다. 그래서 교육이란 가르치는 자가 일방적으로 이론을 주입하는 것이 아니라, 강의에 참여하는 자들이 강의실 안에서 서로 주고받는 과정 중에서 일어나는 것임을 말한다.

그리고 법학에서는 판결하는 사람이나 법조문을 읽는 사람이나 모두 법률을 어떻게 해석하느냐 하는 법률 해석의 문제가 제기된다. 다시 말해 법률에 의해서 일방적으로 판결이 내려지는 것이 아니라, 법률을 어떻게 이해하고 해석하고 적용하는가에 따라 달리 판결로 드러나는 것이라는 차원에서 법률 적용의 문제가 새롭게 대두된다. 그러므로 앞서 주어진 법률에 의해 사람과 상황이 일방적으로 규정되는 것이 아니라, 지금의 상황에서 법 조항을 어떻게 이해하고 해석하는가 하는 것이 판결의 관건이 된다. 법률과 상황을 하나로 융합하며 적용하는 문제가 법 종사자에게 중요한 문제가 되는 것이다.

또한 예술에서는 기존의 미학적 태도에서 벗어나 아름다움이라는 예술의 새로운 차원을 열어간다. 가다머에게 예술이란 주관적 감정의 충일함이나 객관 세계에 대한 묘사가 아니라, 마주하는 것 사이에서 말 걸어옴과 응답함의 문제이다. 그러므로 예술이란 대화에서처럼 말 걸어옴과 이에 응답함 사이에서 발생하는 것으로, 예술가가 따로 있고 예술 작품이 따로 있지 않다. 예술은 그때그때 마주하는 둘 사이에서만 일어나는 것으로, 아는 것도 그래서 소유하는 것도 아닌 오직 경험하는 것이다. 이러한 경험이 일어날 때, 다시 말해서 진리가 자신을 열어 보일 때 그것을 예술 작품이라고 하며, 진리를 열어 보이는 이를 예술가라 한다. 사람이 예술 작품을 만드는 것이 아니라 예술이 그때그때 달리 자기를 열어젖혀 보이는 것이다. 예술에 의해 예술가도 예술 작품도 있게 된다. 예술에 참여하는 사람만이 예술을 경험하는 것이다. 그러므로 베냐민Walter Benjamin이나 아도르노Theodor Adorno에게 복사품이냐 원본이냐 하는 것이 중요한 문제라면 가다머에게는 이 모든 것 이전에 예술에 대한 경험이 있느냐 없느냐 하는 것이 보다 중요한 문제이다.[74]

의학에서도 마찬가지이다. 사람은 신체와 더불어 자신의 존재 자리를 묻고 이를 해명하는 가운데 삶의 의미를 구하며 늘 달리 새롭게 자신을 만들어가는 존재이다. 우리는 단순히 의사에 의해 일방적으로 치료를 받는 대상이 아니라 의사의 도움과 조언 아래 자기가 자기를 만들어가듯이 고통도 아픔도 신체의 이상도 같이하며 자기가 자기를 치료해가는 치료의 주체인 것이다.

건강이란 단순히 신체의 건강만을 의미하지 않으며, 병도 단순히 신체의 이상이기만 한 것이 아니다. 그리고 치료 또한 신체의 메커니즘을 회복하는 일일 수만은 없다. 그렇기에 사람은 때에 따라 고통을 배제하는 것보다는 고통을 어떻게 다루는가에, 그리고 신체의 회복보다는 일상생활로의 회복에 더 큰 치료의 의미를 두기도 한다. 이는 치료의 중심이 의사가 행하는 객관적이고 일반적인 방법이 아니라 환자 자신이어야 함을 말한다. 의사는 환자의 위나 아래가 아니라 환자의 옆에 서야 하며, 치료를 중심으로 환자를 동등한 주체로서 마주해야 한다. 그래서 환자는 환자대로 의사와 더불어 자신이 처한 모든 상황을 하나로 융합하면서 스스로 치유해갈 수 있는 힘을 배양하며, 의사는 의사대로 보다 좋은 의사가 될 수 있도록 다양한 방법을 강구한다.

종교의 경우에는 특히 교리와 신앙의 문제로 전개된다. 초기 해석학이 성서를 어떻게 보다 잘 이해하느냐에 중점이 있었다면, 가다머의 해석학은 성서를 지금 여기에 살아 있는 언어로 다시 읽는 가운데 새로운 존재로의 변화를 경험하는 구체적 실천과 관계가 있다. 성서를 과거의 성인의 말씀으로 기억하는 것이 중요한 것이 아니라, 지금 여기에 살아 있는 언어로 다시금 살려내는 것이 중요하다. 그러므로 목사의 설교는 과거 예수의 말씀을 전해주는 것이 아니라 지금 예배에 참석한 사람들이 살아 있는 예수를 만나도록 하는 것이며, 예배는 예배에 참여한 자들이 살아 있는 예수를 경험하는 일이다. 그래서 어제와 다른 새로운 존재로 거듭나는 일이 중요하다. 그렇기에 교리 그 자체가 중요한 것이 아니라 교리가 담고 있는 정신이 중요하고, 글자에 매이는 것이 아니라 이를 해석하는 것이 중요하며, 편협한 교리나 교단 종파에 매이지 않고 진리 안에서 자유로운 참 종교인을 지향한다.

가다머의 실현의 진리는 윤리학의 영역에서도 지대한 영향을 끼친다. 아리스토텔레스라는 거인에게서 시발한 윤리학은 가다머에 이르러 해석학적 윤리학을 주창하게 된다. 윤리학이란 철학의 한 분야가 아니라 참된 사랑ethos으로 사는 일이며, 누구나 짊어져야 할 책임과 의무와 감사를 아는 일이다. 참된 사랑을 아는 사람은 법이 있어서 지키는 것이 아니라, 매사에 법에 저촉될 만한 일을 하지 않는다. 당위 윤리나 규범 윤리 같은 행위의 근거를 내 밖에서 구하지도 않고 그럴 필요도 없으며, 처해진 상황에서 적합함이 무엇인지,

매 순간 물으며 스스로 이해하고 판단하고 결단하고 적용하고 해석하는 가운데 자기를 늘 달리 새롭게 실현해가는 존재는 존재하는 모든 것에 대한 감사와 겸손, 그리고 이에 따른 책임과 의무를 성실히 수행하며 반듯함으로, 성실함으로, 온전함으로 나아오기 때문이다. 이런 의미에서 이제 해석학은 윤리학이라 할 수 있으며, 참된 윤리학은 해석학이 되어야만 한다.

가다머의 해석학은 언어학에서도 새로운 지평을 열어준다. 형이상학에서 윤리학으로, 다시 인식론과 지식론으로 옮겨 갔던 철학의 중심 사유는 20세기를 전후해서 언어철학으로 옮겨 간다. 언어철학은 언어를 논리 언어로 파악하는 언어분석철학과 언어를 존재론적 측면에서 보려는 존재언어철학이라는 두 흐름으로 크게 나뉘는데, 가다머는 하이데거와 함께 후자에 속한다.

가다머의 언어관은 여러 면에서 하이데거의 언어관과 크게 다르지 않다. 하이데거가 언어를 존재의 집으로 파악하듯이 가다머도 언어를 존재가 자기를 실현해가는 매개라고 본다. 다만 차이가 있다면 하이데거가 언어의 이중성, 즉 말해짐과 가려짐에 근거하여 언어가 말해지는 사건을 존재가 자기를 드러내는 계시와 은폐로 이야기하는 반면에, 가다머는 대화를 통해 늘 달리 자신을 실현해가는 운동으로, 그래서 구체적으로 행위를 낳는 힘으로 본다는 것이다. 이러한 가다머의 언어관은 그가 《진리와 방법》 3부에서 언어를 따로 다룰 만큼 그의 철학에서 매우 중요한 부분을 차지한다. 왜냐하면 해석학이란 텍스트, 즉 언어를 매개로 하기 때문이다.

가다머에게 있어 언어는 단지 글이나 음성 언어만이 아니고 말을 걸어오는 모든 것이 언어이다. 내가 나와 하는 대화가 사유이며 철학이다. 그런 의미에서 사람은 언어를 떠나 살 수 없고, 언어 밖의 세계란 존재하지 않는다. 모든 것이 언어가 되어 내게 말을 걸어오고 나는 그것을 마주하고 이해하고 해석하고 적용하면서 나를 실현해 나온다는 것이 그의 철학의 핵심이라 하겠다.

그 밖에 가다머의 철학은 세계화로 인한 다문화 사회에서, 혈통과 인종과 지역과 이념이 다르고 종교와 성별과 나이와 직위와 학벌이 다르며 경제적 능력과 소속이 다른 탓에 쉽게 발생하는 분쟁과 갈등과 다툼에 대해 지평 융합, 전승 등의 문제를 통해 많은 이야기를 해준다. 그렇기 때문에 가다머의 철학은 이론의 학문이 아니라 실천 학문으로서의 철학을 요구하는 것이며, 나아가 분절되고 파편화된 개별 학문이 아니라 삶의 전체성을 하나로 어우르는 진정한 삶의 철학을 지향하는 것이라 하겠다.

3. 가다머의 철학적 해석학의 중요 개념들

가다머의 철학을 이해하기 위해서는 먼저 그의 용어에 대한 이해가 우선되어야 한다. 왜냐하면 가다머는 기존의 사유와 구별하기 위해 자신만의 언어를 달리 사용하고 있기 때문이다. 가다머의 철학을 이해하는 데 중요한 개념들에 대해 알아보자.

(1) 이해Verstehen

가다머에게 이해란 대상에 대한 이해가 아니다. 그래서 무엇을 보다 잘 이해하고 못하고 하는 차원이나 옳고 그름을 가리는 차원이 아니라, 이해가 나와 같이 하나로 융합하며 있는 존재론적 차원을 말한다. 즉 가다머에게 이해란 무엇을 알고 모르고 하는 앎의 차원이 아니라 그렇게 이해함이 그렇게 존재하는, 이해와 존재가 동시에 하나로 있는 존재론적 차원을 가리킨다. 다시 말해 이해란 죽어 있는 이론이 아닌, 구체적으로 존재하는 생성적 차원을 지시한다. 이러한 이해는 늘 달리 끊임없이 일어나는 무한의 운동으로, 가다머는 이 이해의 무한 운동을 늘 달리 새롭게 자기를 실현Vollzug해 가는 진리로 해명한다. 그래서 가다머는 자신의 철학을 다른 해석학들과 다른 존재론적 해석학으로 규정하며, 실천학으로서의 철학함을, 나아가 삶의 기술로서의 예술의 진리 경험을 이야기하는 것이다.

(2) 적용Anwendung

적용은 가다머의 철학적 특징을 가장 잘 드러내주는 매우 중요한 개념이다. 이전의 해석학은 이해와 해석과 적용을 각기 다른 이해의 실현 방식으로 파악하면서 이해에 정신의 정교한 능력인 적용이 첨가되는 것으로 설명했으나, 가다머는 이 적용에서 이해의 내적 융합이 일어나는 것으로 설명한다. 이 셋은 구분되고 분리되어 있는 것이 아니라, 해석학적 과정에서 함께 성립하는 요소로서, 적용에서 모든 이해가 구체적으로 실현된다는 것이 가다머의 논지이다. 그러므로 가다머에게서는 이해한 후에 적용이 있는 것이 아니라, 이해함이 곧 적용이다. 따라서 이해는 언제나 해석이고 적용이다. 바로 이 점에 의해 이해가 지식이나 이론적 차원이 아니라 경험의 차원이자 구체적 행위를 낳는 실천적 차원이게 된다.

이처럼 가다머는 적용의 문제에서 전승과 더불어 마주하는 현실을 하나로 지평 융합하면서 구체적으로 새롭게 자기를 실현해가는 이해의 운동을 하나라는 보편성Universalität안에서의 동시성으로 설명함으로써, 주-객의 분열이라는 이분법적 대립 구도에 의해 야기된 문제를 극복해나가고자 한다. 그래서 가다머는 이론을 알고 이를 차후에 적용하는 의미에서의 적용을 Applikation으로, 그리고 자신이 말하는 이해와 해석과 실현이 동시적으로 일어나는 적용을 Anwendung으로 구별하여 쓰고 있다. 바로 이 적용의 문제는 다른 해석학자들만이 아니라, 뒤에서 언급하게 될 하버마스와의 논쟁에서도 중요한 차이로 부각된다.

(3) 지평 융합Horizontverschmelzung

지평 융합이란 앞서 주어져 있는 지평과 내가 지금 마주하는 현실 지평이 하나로 이해하며 적용하며 있는 지평을 가리킨다. 즉 나에게 전승된 지평과 더불어 마주하는 현실의 지평을 하나로 융합하며 있는 지평을 가리킨다. 두 지평의 융합이라 하지만, 엄밀히 말하면 이것은 구분되거나 나누어진 지평의 합이 아니라, 늘 끊임없이 계속 이어져가는 유동적 지평을 말한다. 이 지평 융합 안에서 모든 것을 하나로 이해하고 적용하고 해석하며 새로운 존재 생성을 하게 되는 것이다.

여기서 앞서 주어져 있는 지평이란 단순히 지나가버린 과거가 아니라, 그래서 단절된 지평이 아니라, 때로는 전승으로, 선입견으로, 권위로, 영향작용사로 현실의 삶 안에 여전히 영향을 끼치는 앞선 이해를 말한다. 이는 그동안 계몽주의가 불식하고자 한 선입견을 가다머가 이해의 선구조로 복권시키는 것이며 현실의 삶이란 이성의 의지에 의해서만이 아니라 내가 어찌할 수 없는 영역과 더불어 새롭게 만들어져 간다는 것을 말해주는 것이다. 이는 후설의 현상학에 의지해 한편으로는 헤겔의 이성절대주의를 비판하고 다른 한편으로는 헤겔의 변증법을 새롭게 해석하는 가다머의 의도가 가장 잘 드러나는 말이다. 가다머는 헤겔처럼 모든 것이 의지에 의해서 실현된다고 보지 않고, 어찌할 수 없는 비의지적인 것들인 전승, 선입견 등과 하나로 융합하는 지평 융합에 의해 늘 달리 새로운 존재가 실현된다고 보았다. 이렇게 헤겔의 이성 운동을 필연적으로 도출하는 목적론적 운동이 아니라, 무한의 운동을 이야기함으로써 가다머는 동일성의 논리와도, 이데올로기 논쟁과도, 그리고 객관적 방법론과도, 무례한 주체론과도 거리를 둘 수 있게 된다.

가다머의 이러한 태도는 주-객의 분리에서 출발하는 당시 서구의 사유에 대한 극복으로 이해될 수 있다. 즉 가다머는 서구의 사유는 목적과 편리에 따라 사람과 자연, 신체와 정신, 이성과 비이성, 의지와 비의지, 의식과 무의식 등으로 분절화, 이론화, 체계화해나감으로써 사람들로 하여금 전도된 삶을 살아가게 하나 본래는 이 모든 것이 하나로 융합하며 있는 존재라는 존재 이해에서 출발한다.

(4) 전승Überlieferung

가다머는 전통Tradition이라는 말 대신 전승이라는 말을 사용하는데, 이는 지평 융합에서 앞서 주어진 지평을 뜻하는 전통의 또 다른 이름이다. 가다머가 이를 전통과 구별하여 전승이라고 부르는 것은 기존의 전통의 의미와 다른, 자신만의 의미로서 늘 달리 이어져 내려오는 전통의 의미를 살리고자 해서다. 전통이 단순히 되풀이해 기억해야 하는 앎의 차원이라 한다면, 전승은 시대마다 공동체마다 공동체의 가치와 더불어 가장 적합함을 구하는 가운데 달리 이해되며 해석되며 이어져 내려오는 전통을 말한다. 다시 말해 전승은 전통과 달리 시대의 가치가 하나로 적용되며 있는 것이기에, 전승과 더불어 이해하며 해석하며 적용하며 자기를 실현하며 나오고자 하는 존재들은 이미 가치 판단을 하며 있는 것이다. 가다머를 상대주의로 몰아붙이거나 비윤리적이라고 비판하는 사람들은 공통 감각sensus communis과 더불어 특히 이 부분을 심도 있게 고찰해보아야 할 것이다.

그러나 또 한편으로 가다머는 엄밀한 의미에서 모든 전통은 전승이라고도 말한다. 왜냐하면 정도의 차이만 있을 뿐 단순히 반복해 내려오는 전통이란 있을 수 없다고 보기 때문이다.

(5) 영향작용사Wirkungsgeschichte

전승 또는 선입견, 선판단 등을 가다머는 다른 말로 영향작용사라고도 한다. 이는 전승, 선입견, 선판단이 내게 영향을 끼치며 있는, 그러나 나의 의지가 미치지 못하는 또 다른 하나의 힘이라는 사실을 인정하는 것이다. 그리고 이는 근대의 인간 이해에 대한 수정을 요구하는 것이기도 하다. 인간 이성이 모든 것을 가능하게 할 것이라는 근대의 환상이 심어 놓은 유토피아로부터 벗어나 현실을 있는 그대로 볼 때 인간의 힘이 미치지 못하는 또 다른 힘이 존재한다는 사실을 받아들이는 것이기 때문이다. 가다머는 이를 다른 철학자들과 달리 역사성과 결합해 과거로부터 이어져 내려오는 영향작용사로 설명한다. 그러나 이는 나를 억압하는 것이라기보다 나를 늘 달리 새롭게 하는 것이다. 가다머의 이러한 태도는 계몽주의와 달리 선입견을 배제하지 않고, 오히려 선입견을 현실을 변화시키는 능동적인 힘으로 삼고자 하는 것이다. 그는 사람이란 자기가 속한 사회, 역사, 세계로부터 결코 자유로울 수 없는 존재이기는 하나 이와 더불어 이를 넘어서가는 존재이기도 하다고 보는 것이다.

(6) 선입견Vorurteil

가다머의 특징 중 하나가 바로 선입견을 복권시키는 것이다. 계몽주의가 선입견을 부정적 입장에서 보고 배제해야 할 것으로 여기는 반면, 가다머는 이를 배제할 수 없는 현 사실성으로 인정한다. 사람은 모두 자신이 처해 있는 공동체의 가치로부터 자유로울 수 없고 그 안에서 영향을 주고받는 존재라는 사실은 사람이 이미 그 나름의 선입견을 가지고 있을 뿐만 아니라, 그 선입견에서부터 또 다른 이해가 있게 된다는 뜻이다. 가다머는 이를 선이해로, 선판단으로, 전승으로, 영향작용사로 달리 설명하면서 자기 이해의 출발점으로 삼는다.

(7) 권위Autorität

가다머가 말하는 권위는 선입견의 또 다른 표현이기도 하다. 다시 말해 나보다 앞서 있는 것들을 인정하고 받아들이는 태도의 다른 말로, 나보다 앞서 있는 모든 것에 대해 그 나름의 존재성을 인정하며 그것들을 나의 삶에 부분적으로 수용한다는 뜻이다. 가다머는 권위의 문제를 전통에 대한 권위로 설명하면서, 해석의 문제로 연결시켜나간다. 해석이란 나의 주관적 감정의 표출이 아니고, 반대로 객관적으로 주어지는 것도 아닌, 권위에 대한 인정과 더불어 주-객의 관계를 넘어서게 하는 것이다. 권위란 이처럼 일방적으로 주어지는 권력과는 다른, 마주하는 둘 사이에서 수용하는 자에 의해서 생겨나는 존중의 다른 이름이다.

(8) 실현Vollzug

가다머 철학을 한마디로 말한다면 이해의 무한 운동을 실현의 진리로 밝히는 일이라고 하겠다. 이러한 사실은 그의 주저《진리와 방법》은 물론이고 본 책인《과학 시대의 이성》에서도 잘 알 수 있지만, 특히 그가 90세를 넘긴 1992년에 자신의 철학을 결산하며 쓴 두 논문 〈말과 그림—그렇게 참으로, 그렇게 존재하는〉[75]과 〈의례와 언어의 현상학에 관하여〉[76]에서 더욱 확연히 드러난다.

가다머는 이해는 지식을 추구하는 일이 아니라, 자신을 늘 달리 새롭게 끊임없이 실현해가는 무한의 운동이라고 보았다. 그에게 진리란 이처럼 실재성이 아니라 바로 자신을 늘 달리 실현해가는 이해의 운동 그 자체인 것이다. 그러므로 늘 달리 자신을 실현해가는 존재는 진리 안에 거하는 것이며, 진리를 드러내 보이는 것이며, 진리와 더불어 사는 것이다. 그렇기에 진리는 아는 것도, 소유하는 것도, 따르는 것도 아닌, 경험하는 것이며, 만나는 것이며, 그것과 더불어 하나가 되어 노는 것이다.

(9) 일반성Allgemeinheit과 전체성Totalität과 보편성Universalität

이 용어들은 가다머가 자연과학적 의미와 해석학적 의미의 차이를 드러내기 위해 사용하는 말이다. 일반성으로 번역한 Allgemeinheit는 누구에게나 있는 공통성으로서의 보편성을 뜻하고, 전체성으로 번역한 Totalität는 부분들을 합한 보편성을 뜻하며, 보편성으로 번역한 Universalität는 개별적이면서 동시에 모든 것을 통칭하는 해석학적 보편성을 뜻한다. 즉 각각은 다르나, 그 다르다는 사실이 모두에게 다름으로 있다는 의미에서의 보편성이다. 가다머는 각기 다른 전승과 더불어 마주하는 현실을 하나로 지평 융합해가는, 실현의 진리로서의 무한의 이해의 운동이 모든 사람에게 각기 다르게 보편적으로 있다는 의미에서 일반성과 전체성과 달리 보편성이라는 단어를 쓴다. 그리고 이를 해석학적 보편성이라 부른다.

(10) 사실적 역사Historie와 해석학적 역사Geschichte

Historie는 객관적 사실로서의 역사를 말하며, Geschichte는 사건의 일어남의 차원에서의 역사를 말한다. 가다머가 말하는 역사는 사실적 객관적 역사가 아닌 자신에게 의미 있는 역사, 즉 해석학적 역사이다. 그러나 가다머가 볼 때 엄밀한 의미에서의 객관적 역사란 있기 어렵다. 우리가 객관적 역사라고 보는 그 역사에도 사실 기록하는 자의 해석이 개입될 수밖에 없기 때문이다.

(11) 실재성Realität과 사실성Faktizität

실재성Realität은 실제로 무엇이 실재하는가에 주목하나, 사실성Faktizität은 지금 무엇이 일어나고 있는가 하는 발생적 차원을 주목한다. 가다머는 이전의 모든 형이상학은 실재성의 차원에서 진리를 개진하려고 했기에 살아 있는 삶의 전체성을 제대로 말할 수 없었다고 비판한다. 그래서 가다머는 실재성에서가 아니라 사실성의 차원에서, 진리가 무엇인가를 보고자 한다. 그래서 가다머는 후설, 하이데거로 이어지는 현상학적 해석학을 토대로 하여, 이해하며 적용하며 해석하며 자기를 실현해가는 존재의 현 사실성을 진리로 여기면서 철학적 해석학을 전개한다.

(12) 교양Bildung

Bildung이라는 단어는 가다머의 철학과 관련해 오해의 소지가 많은 용어 중 하나로, 때에 따라서 교육, 교양, 도야, 상식 등으로 번역되지만, 그 어느 경우에도 가다머의 의미를 제대로 살려내는 데 한계가 있다. Bildung은 칸트의 경우에는 교육이나 교양의 의미에 가깝고, 헤겔의 경우에는 도야의 의미에 가깝지만, 가다머의 경우에는 늘 달리 자신을 실현해가는 이해의 운동이 교양으로 말해지기 때문이다. 다시 말해 Bildung은 칸트의 경우에는 공동체원들이 갖추어야 할 시민 소양 교육 및 보다 세련된 문화 교육을 받은 교양인과 관련 있고 헤겔의 경우에는 교육과 더불어 작물이 자라듯 점점 발전해간다는 의미에서의 도야와 관련 있지만, 가다머의 Bildung은 칸트나 헤겔처럼 가르치거나 발전하는 개념이 아니라, 어린아이는 어린아이대로, 어른은 어른대로 각기 자기 나름의 존재성을 개진해간다는 의미와 관련 있기 때문이다. 따라서 이는 배우고 가르치는 것이 아니라, 자기 자신이 스스로 만들어가는 자기 교육이며, 발전의 의미보다는 달리 스스로 형성해감의 의미를 담고 있다. 그렇기에 가다머의 교양은 어떤 목적을 향하거나 자신 밖의 그 어떤 것에 의해 일방적으로 전도된다는 의미가 아니며, 자율적인 존재가 갖추어야 할 덕목의 의미가 강하다. 즉 이해하며 적용하며 자기를 늘 달리 스스로 실현해가는 자율적 인간이 교양인이다.

4. 가다머 철학과 그에 대한 비판

이와 같은 가다머의 철학은 무엇보다도 진리를 실재성으로 여기며, 이로 인해서 파생되는 문제들에 대한 반성에서 시작한다. 이를 위해 가다머는 하이데거의 기초 존재론에 근거한 세계 내 존재라는 사실로부터 세계를 이해하고 인간의 역사성과 언어를 숙고하며, 헤겔이 변증법적 운동으로 실재론을 극복했음에도 불구하고 다시 절대 이성이라는 목적론으로 되돌아간 한계를 이해의 무한 운동으로 극복한다. 가다머의 이해의 운동은 선험적인 것과 경험적인 것 사이의 그 동안의 논쟁을 동시적인 사건으로 바꾸는 일이다. 그래서 가다머는 늘 달리 이해하고 해석하고 적용하며 실현해가는 존재 이해를 말하며 이를 진리로 표명한다. 그렇기에 가다머에게 이해와 해석과 적용은 차후에 이어서 발생하는 추가적인 활동이 아니라 동시적인 것이다. 바로 이것이 가다머 철학의 특징이다.

이러한 가다머의 철학이 1960년《진리와 방법》으로 발표되자 많은 논란이 일어났다. 그래서 가다머는 이 책 2판의 서문에서 자신의 입장을 분명히 밝힌다. 그는 해석학적 방법이나 이론을 추구하고자 하는 것이 아니라, 그래서 사실 여부를 판가름하고자 하는 것이 아니라, 이 모든 것 이전의, 다시 말해 우리가 무엇을 판단하고 분별하기 이전의 진리의 물음을 묻고자 하는 것임을 재천명한다. 그럼에도 불구하고 많은 사람들로부터 질의와 비판이 이어진다.

그중에서 에밀리오 베티는 해석의 객관성과 방법에 대한 문제를 제기하면서 가다머가 학문의 객관성을 훼손하고 있다고 비판한다. 그리고 하버마스는《사회학의 논리*Zur Logik der Sozialwissenschaften*》에서 가다머 해석학의 일정 부분을 자신의 사회 비판 이론에 수용하면서도 이데올로기 비판의 관점에서 가다머의 철학이 문제가 있음을 지적한다.[77] 하버마스는 그렇다면 왜곡된 역사를 어떻게 받아들이고 시정할 것인가에 대해 가다머는 어떠한 조치도 취할 수 없는 것 아니냐고 되묻는다. 이에 대해 가다머는〈수사학, 해석학, 그리고 이데올로기 비판Rhetorik, Hermeneutik, und Ideologiekritik〉이라는 논문으로 대응한다. 여기서 가다머는 하버마스의 견해에 대해 두 가지 측면에서 반론을 제기한다. 첫째는 자신의 철학은 현 사실적으로 진리가 어떻게 드러나는가 하는 존재론적 측면을 이야기하는 것으로서 가치의 물음은 그 후에 이루어져야 하는 것이기에 자신은 하버마스와는 관점이 다르다는 것이다. 둘째는 이해는 곧 적용하며 있는 것으로, 그 시대의 가치와 공동체의 가치와 더불어 이미 이해와 적용하는 가운데 하나로 지평 융합하며 있는 것이기에 하버마스가 생각하는 것처럼 그렇게 무가치적이기만 하지 않다는 것이다.

그러나 하버마스와 입장을 같이하는 벨머Albrecht Welmer, 아펠Karl-Otto Apel 등이 1968년 〈과학주의, 해석학, 이데올로기 비판Szientistik, Hermeneutik, Ideologiekritik〉으로, 그리고 보르만C. V. Bormann이 1969년 〈해석학적 경험의 불명료성Die Zweideutigkeit der hermeneutischen Erfahrung〉으로 가다머를 비판하고 나선다. 이에 대해 가다머의 제자인 부브너R. Bubner가 〈비판 이론이란 무엇인가Was ist Kritische Theorie〉와 〈철학은 사유 속에서 파악된 그의 시대이다Philosophieist ihre Zeit, in Gedenken erfasst〉로 하버마스를 비판하자, 기겔H. J. Giegel이 〈반성과 해방Reflexion und Emanzipation〉으로 가다머와 부브너를 다시 비판한다. 그리고 하버마스는 1970년《해석학의 보편성 요구*Universalitätsanspruch der Hermeneutik*》에서 다시 자신의 비판점을 피력하고 이에 관한 토론 모음집인《해석학과 이데올로기 비판*Hermeneutik und Ideologiekritik*》을 출간한다. 가다머는 이듬해에 〈답변Replik〉을 통해 하버마스와 아펠, 보르만, 기겔 모두를 겨냥해 비판적 해석학의 잘못을 다시 구체적으로 비판한다.

그뿐만 아니라 1981년 가다머가 파리에서 한 강연 "텍스트와 해석"[78]으로 촉발된 데리다와의 해체 논쟁은 10년 가까이 이어진다. 이 두 사람은 모두 방법적 사유를 거부하고 새로운 철학적 사유를 추구한다는 공통점이 있으나, 가다머가 전형적인 독일 낭만주의 성향을 가진 철학자라면 데리다는 프랑스 색채를 고스란히 담아낸 철학자로서 가다머는 '대화'를 강조하고 데리다는 '차이'를 강조한다.

데리다가 볼 때 가다머 철학은 대화라는 소통의 의지를 구체적인 상호 작용보다 앞서 전제하고 있어서 선의지의 힘을 신뢰하는 의지의 형이상학으로 복귀하며, 이 점에서 결국 권력에의 선의지Guter Wille zur Macht를 드러낸다고 한다. 또한 가다머의 심리 분석은 일반 해석학으로 통용될 수 없는 것으로, 이해된 것의 습득이 아니라 오히려 이해되지 않음이라는 소통의 단절을 보여주는 것이라 비판하는 데리다에 대해 가다머는 "그럼에도 불구하고 선의지의 힘은 존재한다Und denoch Macht des Guten Willens"고 밝히며, 사람은 다른 사람들을 이해하기 위해 때로는 힘든 일을 감수하기도 하며, 이는 결코 남을 지배하기 위한 것이 아니라고 답한다. 이에 대해 다시 데리다가 사람들은 어떤 사람이 말한 것을 이해하려고 하기보다 오히려 그가 말하려 하지 않은 것, 말하지 않은 것을 이해하려고 한다고 날을 세우자, 가다머는 우리는 이해의 선취 없이는 그 어떤 것도 알 수 없으며, 해석학은 사람이 말하고자 하는 것을 일시적으로 수용하며 이를 계속해서 시정해가는 것일 뿐이라고 반박한다.

그 밖에도 아도르노, 아펠, 로티Richard Rorty, 알버트H. Albert 등 수많은 이들과의 논쟁이 이어지는데 이는 가다머의 철학이 그만큼 중요한 문제의식을 다방면으로 풍성하게 제공한다는 사실을 보여주는 것이라 하겠다. 이처럼 가다머와 더불어 진행된 세기의 논쟁[79] 덕분에 이 시기의 사유는 풍성할 수 있었다.

주

1 (옮긴이주) 본 글은 1975년 5월 슈투트가르트에서 열린 헤겔 학회에서 발표한 것이다.

2 (옮긴이주) 독일어 Wissenschaft는 나름 일정한 논리로 정리된 학이라는 의미가 강하다. 그런 의미에서 볼 때 현대의 기술과학보다는 학문에 가깝다고 할 수 있다. 그럼에도 철학과 달리 과학이 가지는 문제를 부각하려는 의도에 맞게 대부분 과학으로 번역하였으나 문맥 안에서 간혹 학문, 과학학문으로 달리 번역하였음을 밝힌다.

3 (옮긴이주) 인용구는 헤겔의 철학 전집 5권 14쪽에 있는 구절이다. G. W. F. Hegel, *Werke in zwanzig Bänden 5 Wissenschaft der Logik*, Bd. 1, Theorie Werkausgabe, 14쪽(Frankfurt: Suhrkamp Verlag, 1969) 참조.

4 (옮긴이주) 가다머는 하이데거와 마찬가지로 언어를 존재의 일어남의 현상으로 본다. 그래서 사람이 언어를 사용하는 것이 아니라 언어가 현실을 형성해간다.

5 (옮긴이주) 플라톤,《파이돈*Phaidon*》, 99 c 이하 참조. 같은 장 14쪽과 128쪽에서도 언급되고 있듯이 로고스logos에서 존재의 진실을 볼 수 있다는 것이며, 이것이 로고스로의 도피이며 문답법으로의 도피이다.

6 (옮긴이주) 플라톤의 "두 번째 선의 길"은 "로고스로의 도피"를 뜻하기도 하고, 경직된 대상성의 언어의 속박으로부터 벗어나는 것을 뜻하기도 하며, 감각적 세계로부터의 전환을 뜻하기도 한다. 다시 말해 문답법으로의 도피를 뜻한다.

7 (옮긴이주) 가다머는 prima philosophia를 '제일 철학'이 아니라 '제일 과학erste Wissenschaft'이라고 번역하고 있다. 아리스토텔레스의《형이상학*Metaphysik*》6권 1장과 11권 7장 참조.

8 (옮긴이주) Hegel, *Wissenschaft der Logik*, Bd. 7, 32쪽.

9 (옮긴이주) Hegel, *Sämtliche Werke*, H. Glockner (hrsg.) Bd. 1, 28~29쪽.

10 (옮긴이주) Hegel, *Wissenschaft der Logik*, Bd. 8, 24쪽.

11 (옮긴이주) 이 구절은 헤겔이《법철학*Grundlinien der Philosophie des Rechts Theorie*》3부 〈인륜〉의 2장 〈시민 사회〉에서 하나의 계기로 '욕구의 체계'를 지적하는 말이다. 헤겔은 욕구의 체계를 사회와 국가의 기초로 보고 시민 사회의 계기를 다음과 같이 세 가지로 설명한다. ① 개인의 노동과 욕구의 충족으로서의 욕구의 체계, ② 자유라는 보편의 현실태로서의 소유의 보호, ③ 언제나 이 ①과 ②에서 나올 수 있는 우연성에 대한 배려로서의 복지 행정과 단체의 이익. 이 욕구의 체계가 사회와 국가의 기초가 되며, 동시에 이 기초는 전체성으로부터 진리를 얻는다. 홀로 고독한 존재 방식이 자각을 통한 상호 승인의 과정을 지나서 실체적 통일로서의 국가를 실현하면 욕구의 체계가 완성되는 것이다. 이처럼 헤겔은 욕구의 체계를 인류 생활의 정신적 제 형식에 결정적으로 예속시킨다. 헤겔이 욕망의 체계로 엮어놓은 인륜적 생활의 정신적 제 형식으로는 소외와 생산과 소비의 악순환을 볼 수 없기 때문이다. G. W. F. Hegel, *Grundlinien der Philosophie des Rechts Theorie*(Frankfurt: Suhrkamp Verlag, 1970), 346쪽.

12 (옮긴이주) Hegel, *Wissenschaft der Logik*. Bd. 8, 203쪽.

13 (옮긴이주) 본 글은 학문 지도 노트Akademiker information, Heft 3권(1972), 15~21쪽에 수록되어 있다.

14 (옮긴이주) 가다머에게서 universal은 보편타당하다는 차원에서의 '보편'이 아니라 삶의 나눌 수 없는 '전체성'으로서의 보편성을 의미한다. 그의 universale Geschichte는 일반성Allgemeinheit의 '보편사'라기보다는 삶의 전체성의 역사로, 개별자의 반대 의미에서의 보편이 아니라 개별자의 삶 그 자체의 지평을 여는 것을 뜻한다.

15 (옮긴이주) 헤겔의 변증법적 운동에서 주관적 자아는, 사유의 운동을 객관적 자아로 그리고 절대적 자아라는 개념으로 언급할 수 있듯이 신앙인의 표상 방식도 이와 같이 언급할 수 있다고 보는 것이다.

16 (옮긴이주) 본 글은 대학 노트Universitas, Heft 11권(1974), 1143~1158쪽에 수록되어 있다.

17 (옮긴이주) 실천과 이론을 공진적(共振的)인 대립 개념ein stets mit schwingender Gegensatz으로 봐야 하는데 반대 개념Gegenbegriff으로 보는 것은 잘못이라는 뜻이다.

18 (옮긴이주) "세계 질서와 인간 사회의 질서로 넘어갈 줄 아는 어떤 눈was für das weggegebene Auge"은 관조Theoria의 눈이며 가다머는 이것을 가리켜 "어떤 것으로 내어준 존재Weggegeben-Sein an etwas"라고 말하고 있다. 이 "어떤 것으로 내어준 존재"를 가다머는 이어서, "엄습해오는 현재로 모든 사람에게 공동으로 제공되는 것이고, 다른 모든 좋음과 달리 분할해도 조금도 감소되지 않는 것이다. 그 때문에 이는 그 이외의 다른 모든 좋음들이 그렇듯이 논쟁의 여지가 있는 것이 아니라, 오히려 분유(分有)에 의해서 얻어진다"고 설명한다. 그리고 이것이 바로 "이성 개념을 낳는다"고 말한다. 본문 77~78쪽 참조.

19 (옮긴이주) 유연성의 상실Flexibilitätsverlust은 일차적인 자유도 없음

을 뜻한다. 기술의 망에서 벗어나지 못하고 있다는 뜻이다.

20 (옮긴이주) 다시 말하면, 사람이 기술적으로 매개된 사회에서는 사람들이 자기의 이성을 사용해 마주하는 현실의 모든 일들을 스스로 이해하며 자기화하는 것보다는 단지 이에 적응하고 순응하는 것이 내재화되어, 마치 이것이 본래 사람의 특성인 양 여겨지는 경향이 있는데, 바로 이것이 위험하다는 것이다.

21 (옮긴이주) 근대 산업사회란 자율적인 인간 이성에 의해서가 아니라 기술에 의해 매개된 메커니즘에 따라 일방적으로 돌아가는 사회를 말한다.

22 (옮긴이주) 공동성Gemeinsamkeiten과 자명성Selbständlichkeiten이 같은 차원으로 설명되고 있는데 가다머는 이것들의 의식화가 바로 이성의 역할이라고 보고 있다.

23 (옮긴이주) 잔여공동성Restgemeinsamkeit은 공동성과 여러 자명성을 결국 역사주의적 또는 단지 모든 것을 가능하게 하는 상대주의적 정리(定理)에 따라 좁게 해석한 것으로, 이것들은 가다머의 존재 자체의 자명성과 공동성에 비하면 잔여-공동성에 지나지 않는다는 것이다.

24 (옮긴이주) CIBA는 Frank H. Netter(1906~1991)가 50년 동안 500회 이상의 사체 해부실습을 통해 의학 전 분야에 걸쳐 2만 개의 해부도를 완성한 원색 도해 의학총서를 지칭하는 말로 의료인이 환자 치료에 적극 활용하게 되었다. 그러나 이후 발달된 기술과 더불어 인간에 대한 유전자 지도로까지 이어지면서 많은 논란이 이어지고 있다.

25 (옮긴이주) 본 글은《실천철학의 회복*Rehabilitierung der praktischen Philosophie*》1권(Manfred Riedel), 325~344쪽에 수록되어 있다.

26 (옮긴이주) 원문은 ποίησις로 πίητική와 같이 시학, 시작, 시문 등의 뜻으로 아리스토텔레스의 시학 개념을 간단히 설명하고 있다. 여기

서 가다머는 앎에서 만들어지는 것das auf Wissen beruhende Herstellen을 시학die Poiesis과 동격으로 설명하면서 그 Poiesis를 다시 공동 사회의 생활을 위해 살림살이의 바탕을 보여주는 것으로 설명하고 있다. 자유인의 실천과 자유로운 선택은 이론과 실천의 대립 관계의 틀을 벗어난다. 각 개인에게 적절하게 맞는 관계이자 좋아함을 향하는 덕이 자유 선택으로 있는 실천이다. 이론과 실천의 대립에서 나오는 것이 실천철학이 아니듯이, 또한 습득 가능한 수작업의 기술이나 기량과 대립되는 것이 실천이 아니다. 이와 같이 시학은 이론과 실천의 대립이 아니라 앎의 대립ein Gegensatz des Wissens으로 삶의 지평을 여는 것이다. 이 앎과의 대립이 시학을 연다. 과학과 그 학문의 응용의 대립이 아니라 앎의 대립으로 비로소 현성(現成)하는 것, 그 일하는 과정을 앎으로 만들어가는 것이 시학인 것이다. 그러나 바로 여기에서 아리스토텔레스와 가다머의 시학의 차이가 드러난다. 가다머는 "실천적 과학은 수학 형태의 이론과학도 아니고, 일의 과정을 알아가면서 섭렵한다는 의미에서의 전문적 앎, 즉 '시학'도 아닌, 자기 자신의 방식인 과학인 것이다"(본문 100~101쪽)라고 쓰고 있다. 가다머의 자유로운 선택의 지평에서의 실천적 철학은 이 모두를 포섭하는 살아 있는 자유로운 선택과 결단으로, 시학과는 다른 차원의 현실 실현이다.

27 (옮긴이주) 신구 논쟁Querelle des anciens et des modernes은 17세기 말에 주관성의 자기의식이 강해지면서 18세기 초에 고대 문학과 근대 문학의 우열을 둘러싸고 프랑스에서 벌어진 논쟁을 일컫는다. 16세기 중엽 이후 고대의 권위는 절대적이었다. 그러나 데카르트 이후, 그리고 17세기 말에 페로Charles Perrault가 고대의 우월성을 반박하고 근대 문학을 옹호하면서 신구 논쟁이 시작된다. 페로는 시 작품 〈루이 대왕의 세기(世紀)〉(1687)에서 근대 문학이 고대 문

학에 비해 손색이 없다고 주장한다. 그는 고대 문학의 전통을 반대하고 개체성을 구하면서 고전 비평의 독립성을 주장했다. 해석학은 바로 개체의 모범상과 그 비판과 반성을, (가다머의 말처럼) 역사적 의식을 깨우쳐주는 준비 과정이라 할 수 있다.

28 (옮긴이주) universal을 보편적이라 번역하고 Universum을 보편성으로 번역했다. unviersal은 흔히 '보편적'이라는 뜻으로 이해되지만 가다머에게서는 이 말이 개념적인 추상성이 아니라 삶의 전체적 의미를 가리킨다. 이것이 그가 말하는 삶의 전체론적 지평Horizont des universalen Lebens이다. Universum은 우주의 개념과는 거리가 멀다.

29 (옮긴이주) historisch를 '사실적(史實的)'으로, geschichtlich를 '역사적'으로 번역한다. 가다머에게서 geschichtlich는 해석학적 지평을 여는 것과 관련되어 삶의 지평에서 문제가 되고, historisch는 단순한 시대 구분과 관련된다.

30 (옮긴이주) 가다머가 여기에서 '일반'을 allgemein이라고 쓰고 있음에 주목해야 한다. allgemein은 슐라이어마허Friedrich Schleiermacher의 대표적인 개념으로, 자연과학적 '보편' 또는 '공통'과 같은 맥락에서 이해할 수 있다. 이러한 의미에서 '보편'으로 번역될 수도 있으나, 슐라이어마허의 allgemein에는 자연과학적 역사관이 깔려 있기에 옮긴이는 여기서 allgemein을 삶의 전체성die Universälität des Lebens과 대조되는 의미에서 '일반적', '공통적'이라고 번역했다.

31 (옮긴이주) im früheren Selbstverstädnis를 글자 그대로 해석하면 '이전의 자기 이해'가 되지만 문맥상 그리스 시대의 자기 이해라는 뜻으로 해석한다.

32 (옮긴이주) 전기 해석학die ältere hermeneutik이란 주로 슐라이어마허와 그 이전의 성서 해석학이 주가 되었던 시대의 해석학을 뜻하며 나아가 딜타이로 이어지는 해석학을 뜻한다. im früheren Selbstver-

ständnis와 대조를 이룬다.

33 (옮긴이주) Hans-Georg Gadamer, *Wahrheit und Methode*(Tübingen: J. C. B. Mohr, 1960).

34 (옮긴이주) pronesis는 '실천 지' 또는 '실천적 지혜'로 번역되기도 하나 여기서는 '실천 이성'으로 번역했다. 가다머도 pronesis를 die praktische Vernunftigkeit(실천 이성성)으로 번역하고 있다. H.-G. Gadamer, *Jürgen Habermas: Das Erbe Hegels*, Suhrkamp 596(Frankfurt am Main: Suhrkamp Veriag, 1979), 53쪽 이하 참조. 가다머는 이 실천 이성성을 통해 자신의 철학을 필연적인 법칙에 관계하는 실증적 과학만이 아니라(Nic. Eth., VI, 3, 1139 b 19 이하), 영원불변해 현재의 흥망성쇠를 모르는 피안적 신학과도 구별한다.

35 (옮긴이주) 이러한 아리스토텔레스의 견해는 그의 《니코마코스 윤리학》에 잘 나타나 있다. 그는 "실천 이성은 개인적인 것의 영역 안에서 움직인다"라고 말하면서 "다르게도 있을 수 있는 것"(to endechomenon allos echein, c.f. Nic. Eth., VI, 5, 1140 b 27; 6, 1141 a 1; 8, 1141 b 9~11)이라고 밝혔다.

36 (옮긴이주) 본 글은 1971년 11월 20일 포르츠하임 시에서 로이힐린Reuchlin 상을 수상하면서 강연한 것이다.

37 (옮긴이주) 본문 17쪽과 주 3 참조.

38 (옮긴이주) 본 논문은 *Interdisziplinär, Interdisziplinäe Arbeit und Wissenschaftstheorie*, Helmut Holzhey (hrsg.)(Basel·Stuttgart, 1974), 89~104쪽에 수록되어 있다.

39 (저자주) 신칸트학파는 1860년대 후반에 칸트 철학으로 돌아가면서 철학의 르네상스를 일으킨 철학 흐름을 총칭하는 이름이다. 신칸트학파는 크게 두 갈래로 나뉘는데, 하나는 '마르부르크학파'로 코헨Hermann Cohen, 나토르프Paul Natorp, 카시러Ernst Cassirer가 주도했

다. 다른 하나는 '서남독일학파'로 빈델반트W. Windelband, 리케르트H. Rickert, 라스크E. Lask, 바우흐B. Bauch가 대표적인 학자들이다. 전자는 철학을 무엇보다도 자연과학의 인식 조건과 근본 원칙을 탐구하는 것으로 보았고, 후자는 주된 관심을 가치문제에 두고, 다시 그 가치문제를 넘어서 정신과학(문화과학)을 철학의 근거로 삼았다. 이 두 학파의 전성기는 제1차 세계대전 이전에 끝나고 만다.

40 (저자주) 칸트Immanuel Kant(1724~1804)의 기본 저서는《순수 이성 비판*Kritik der reinen Vernunft*》으로 1781년에 간행되었고, 1787년 제2판이 나왔다. 1783년에는《과학으로 나타날 수 있는 모든 미래 형이상학에 대한 서론*Prolrgomena zu einer jeden zukünftigen Metaphysik die als Wissenschaft wird auftreten können*》이 출간되었다. 그리고 자연 본래의 형이상학으로 넘어가면서 1786년에《자연과학의 형이상학적 시초의 여러 근거들*Metaphysische Anfangsgründe der Naturwissenschaft*》이 나온다. 칸트의 가장 중요한 윤리 저서로는《인륜 형이상학의 근거*Grundlegung zur Metaphysik der Sitten*》(1785)가 있고《실천 이성 비판*Kritik der praktischen Vernunft*》(1788)과《두 부분으로 된 인륜 형이상학*Die Metaphysik der Sitten in zwei Teilen*》(1797)이 있다. 세 번째 비판 주저로는《판단력 비판*Kritik der Urteilskraft*》(1790)이 있다.

41 (옮긴이주) episteme라는 그리스어는 오늘날 인식론epistemology이라는 말의 어원이 되고 있으나, 본래 이 말은 플라톤에게는 객관적 인식 혹은 과학에 해당하는 말이다

42 (저자주) 밀John Stuart Mill(1806~1873)은《논리학 체계*A System of Logic, ratiocinative and inductive*》(1843)에서 귀납법적 이론을 제시한다. 그는 보편 개념은 모두 감성적 경험에 기초를 두고 있으며 추상물에 지나지 않는다는 입장에서 출발한다. 아주 큰 반향을 불러일으킨 실J. Schiel의 독일어 번역서(Braunschweig, 1849)는 〔이러한 학

문적 태도에 대해] '정신과학 학문Geisteswissenschaften'이라는 단어를 번역어로 도입하고 있다(이에 해당하는 영어는 moral sciences이다).

43 (저자주) 콩트Auguste Comte(1798~1857)는 인류 역사를 신학적 단계, 형이상학적 단계, 실증적 단계로 구분하고 최후의 실증적 단계에서 형이상학은 과학으로 해체된다고 말한다. 콩트의 주저는 《실증철학 강의*Cours de philosophie positive*》 6권(1830~1842)이다. 마르부르크 학파 신칸트주의자들의 '논리적 선험주의' 그리고 스코틀랜드 철학자 흄David Hume(1711~1776)의 논리적 경험주의도 모두 형이상학을 비판하는 태도를 취하고 있다.

44 (저자주) 후설Edmund Husserl(1859~1938)의 《논리 연구*Logische Untersuchungen*》—제1권은 《순수 논리학 서설*Prolegomena zu reinen Logik*》(1900), 제2권은 《현상학 연구와 인식론*Untersuchungen zur Phönomenologie und Theorie der Erkinntnis*》(1901) —에서 '초월론적' 현상학은 순수 현상학으로의 이념과 현상학적 철학(1913)의 형태로 전개된다. 1950년부터 출간된 전집(Husserliana)은 1991년까지 16권이 나왔다.

45 (저자주) 루돌프 카르납Rudolf Carnap(1891~1970)은 1928년에 《세계의 논리 구조*Der logische Aufbau der Welt*》(2판, Hamburg, 1961)를 출판했다. 카르납은 1929년 《과학적 세계 파악 — 빈 학파*Wissenschaftliche Weltauffassung — Der Wiener Kreis*》라는 정기 간행물을 간행하고 '빈 학단'의 창시자가 된다. 이 정기 간행물은 '인식Erkenntnis'이라는 표제로 계속 간행된다. 이 학파를 대표하는 '신실증주의' 철학의 다른 중심인물들은 슐리크M. Schlick, 비트겐슈타인L. Wittgenstein, 노이라트O. Neurath, 라이헨바흐H. Reichenbach이다. 이들은 실증주의 전기와 연결되고, 특히 아베나리우스R. Avenarius(1843~1896)와 마흐E. Mach(1838~1916)에 의해 '경험 비판주의'와 연결된다.

46 (저자주) 데카르트René Descartes(1956~1960)의 《정신 지도의 규칙 *Regulae ad directionem ingenii*》은 1620년에 집필되어 1701년에 출판되었다. 데카르트의 저서로는 《방법서설*Discours de la méthode*》(1637), 《제일 철학에 관한 성찰*Meditationes de prima philosophia*》(1641), 《철학의 원리*Principia philosophiae*》(1644) 등이 있다.

47 (옮긴이주) 산이 있으면 동시에 골짜기가 있는 것처럼 빛이 있으면 어둠이 있는데, 데카르트는 그렇게 있는 동시적 명증성을 보증 삼아 이성의 진리를 경험 세계에 적용한다.

48 (저자주) 피히테J. G. Fichte(1762~1814), 셸링F. W. J. Schelling(1775~1854), 헤겔G. W. F. Hegel(1770~1831).

49 (옮긴이주) 이 구절은 셸링의 철학을 가리켜 하는 말이다. 셸링의 철학은 "최고의 분열로부터의 회복Wederherstellung ans des höchsten Trennung"을 중시하는데, 이러한 뜻에서 셸링은 동일철학의 입장을 변호하기도 한다. 그러나 셸링의 동일철학도 원래 '자연철학'이 '선험철학'에 대립되는 자립성의 문제로부터 전개된 것이며, 인식 주관을 떠난 객관적 자연과 인식 주관 간의 '근원적 동일성'을 문제 삼는 것이라 하겠다.

50 (옮긴이주) 통일과 전체성Einheit und Ganzheit의 요구가 칸트로부터 피히테, 셸링 그리고 헤겔로 이어지는 철학의 주제이다. 이와 같은 전체성이 이미 청년기 헤겔의 여러 논고에서 윤리적 영역의 중심 문제로 나타난다. 그러나 헤겔은 그 윤리적 영역의 특징을 다시 넘어서, "내가 대상을 인식한다"는 명제와 "내가 삶을 대상화하여 살아간다"는 명제는 서로 다른 것이지만, 이 둘이 주객 관계로서 그 객체가 언제나 주체에 의해 규정된다는 점에서 이 둘은 같은 근원을 갖는 것이라며 같은 근원으로서의 통일적 근거를 요구한다. 그래서 가다머는 이 두 명제를 "자기 자신을 개념적으로 이해하

는 정신의 필연성에 종속시킨다"라고 말하기도 한다. 그리고 피히테의 철학에서도 통일과 전체성이 이야기되는데, 그는 "분열의 교양"을 최고 완성으로 끌어내고 "정신과 물질, 영과 육, 신앙과 지성, 자유와 필연" 등을 보편적 개념으로 절대화한다. 즉 "절대적 주관성과 절대적 객관성의 대립Gegensätze von absoluter Subjeativität und absoluter Objektivität"이 그의 주제이다. 그렇기 때문에 "고정화된 주관과 객관의 대립을 지양하고, 지성화되어버리고 실재화되어버린 세계 존재를 생성으로als ein Werden, 그리고 산출된 대립 존재를 산출하는 운동als ein Produzieren으로 파악"해야 한다고 말한다. 그리하여 생성과 산출하는 운동의 무한한 일에서In der unendlichen Tätigkeit des Werdens und Produzierens 이성은 분열된 것을 통일한다. 이렇게 피히테는 "분열의 교양"을 최고 완성된 표현으로 전개하면서 분열을 점점 엄연한 것으로 만들어놓고, 그만큼 더 강력하게 분열을 전체성Totalität으로 결합할 것을 요구한다.

51 (저자주) 헤겔의 주저 《정신현상학*Die Phänomenologie des Geistes*》(1807), 《대논리학*Wissenschaft der Logik*》(1812/16), 《법철학 요강*Grundlinien der Philosophie des Rechts*》(1821), 《철학 학문 요강의 대체계*Enzyklopädie der philosophischen Wissenschaften im Grundrisse*》(3판, 1830).

52 (저자주) 플라톤, 《파이돈》, 99 c/d.
(옮긴이주) 《파이돈》은 플라톤의 중기 대화편으로, 주제는 영혼 불멸설이다. 그 심층에서는 감각으로부터의 혼의 구제와 혼의 정화를 통한 철학적 인식의 가능성을 읽을 수 있다. 플라톤은 대화편을 쓰면서 "혼은 육체의 죽음 후에도 생존할 뿐 아니라 영원하고 파괴될 수 없는 실체essence"임을 확신한다. 또한 그는 도덕적 이상과 수학적 인식의 대상은 이것들을 인식하는 혼과 같이 영원하고 파괴될 수 없는 실재라고 쓰고 있다.

53 (옮긴이주) 혼과 같이 영원하고 파괴될 수 없는 실재는 가다머의 말에 의하면 "똑같은 '이성'의 실현화die Verwirklichung der einen und selben 'Vernunft'"를 인식하는 것이나, 우리 자신의 세계 경험을 배제하고는 생각할 수 없는 이성을 이야기하며 이를 해석 지평으로 설명하고자 하는 것이다.

54 (저자주) 의사이면서 철학자인 헤르만 로체Hermann Lotze (1817~1881)는 19세기의 가장 영향력 있는 저작자이며 철학 교사였다. 그의 가장 중요한 저서 몇 권을 꼽자면 초기의 《형이상학*Metapysik*》(1841)과 《논리학*Logik*》(1843)이다. 이것들은 1874년과 1879년에 《철학 체계*System der Philosophie*》지에 보완되어 새로 발표되었고, 이어서 《미소 우주*Mikrokosmos*》(1856 이후)가 출판되었다. 첼러 Eduard Zeller(1814~1908)는 특히 《그리스인의 철학*Die Philosophie der Griechen*》(1844 이후)이라는 저서로 유명해졌다. "인식론의 의미와 과제에 대해서Über Bedeutung und Aufgabe der Erkenntnistheorie"라는 강연(1862)에서 그는 전문적 세계로 들어가는 기초 철학 학과의 새로운 호칭으로 '인식론Erkenntnistheorie'이라는 단어를 도입했다. 이 강연은 부록을 붙여 E. Zeller, 《강연과 논문*Vorträg und Abhandlungen 2. Sammlung*》(Leibzig, 1877), 479~562쪽에 수록되어 있다. A. Diemer, 〈인식론, 인식의 교본, 인식 비판 I Erkenntnistheorie, Erkenntnislihre, Erkenntniskritik I〉, J. Ritter (hrsg.), 《철학역사 대사전*Historische Wörterbuch der Philosophie*》 2권(Basel·Stuttgart, 1972), 683항 참조. 교수 계급에 대해 불평이 많아서 유명해진 쇼펜하우어Arthur Schopenhauer는 이 대학 교수와는 반대 입장에 선다. 쇼펜하우어의 주저 《의지와 표상으로서의 세계*Die Welt als Wille und Vorstellung*》(1819)와 니체 Friedrich Nietzsche의 사상은 20세기에 와서야 본래적인 영향을 미치게 된다.

55 (옮긴이주) 세계관을 뜻하는 독일어 Weltanschauung이 복수형인 Weltanschauungen으로 쓰이고 있다는 점에 주목해야 한다.

56 (저자주) 딜타이Wilhelm Dilthey(1833~1911)의 저작으로는《정신과학 입문*Einleitung in die Geisteswissenschaften*》(1883),《기술하고 분절하는 심리학의 이념들*Ideen über eine beschreibende und zergliedernde Psychologie*》(1894),《형이상학 체계에 있어서 세계관의 유형과 세계관의 형성*Die Typen der Weltanschauung und ihre Ausbildung in der metaphysischen Systemen*》(1911)이 있으며, 그 밖에 정신사에 대한 저술이 다수 있다. '역사학파historischen Schule'와 딜타이 철학에 대해서는 가다머의《진리와 방법*Wahrheit und Methode*》에 수록된 〈철학적 해석학의 요강Grundzüge einer philosophischen Hermeneutik〉(초판, 1960/3판, Tübingen 1972), 185쪽 이하를 참조.

57 (저자주) 후설의《유럽 학문의 위기와 초월론적 현상학*Die Krisis der europäischen Wissenschaften und die transzindentale Phänomenologie*》,《후설 전집*Husserliana*》6권(Den Haag, 1962). 한스 게오르크 가다머의《현상학적 운동*Die phänomenologische Bewegung*》,《철학전집*Philosophische Rundschau*》11권(1963), 1~45쪽과《소논문집*Kleine Schriften*》3권 중의 〈이념과 언어Idee und Sprache〉(Tübingen, 1972), 150~189쪽과 〈생활 세계의 과학Die Wissenschaft von der Lebenswelt〉(Tübingen, 1972), 190~201쪽 참조.

58 (저자주) 하이데거Martin Heidegger(1889년생)의《존재와 시간*Sein und Zeit*》(초판, 1927/10판, Tübingen, 1963).

59 (옮긴이주) 이 구절이 하이데거가 후설을 비판하는 점이다.

60 (옮긴이주) 1920년대 빈 학파의 특징은 형이상학적 방법이 아닌 과학적 방법을 중요시하고 논리적 실증주의 또는 논리적 경험주의를 표방했다는 것이다. 여기에서 논리적 경험주의의 한계를 역설적으

로 밝힌 사람이 비트겐슈타인이다. 그런데 빈 학파가 중요시하는 검증 이론에는 딜레마가 있다. '모든 검증 불가능한 명제는 무의미하다'라는 그들의 이론 자체가 검증 불가능한 것이기에 무의미해지는 것이다.

61 (저자주) 칼 포퍼Karl Popper(1902년생)의 《연구의 논리*Logik der Forschung*》(초판, 1934/독일어판 3판, Tübingen, 1969). E. Ströker, "Aspekte gegenwärtiger Wissenschaftstheorie", H. Holzhey (hrsg.), *Wissenschaft/Wissenschaften*, Philosophie aktuell Bd. 3(Basel·stuttgart, 1974) 참조.

62 (옮긴이주) e contrario는 '대립으로부터'라는 뜻이다. 철학과 신학의 대립의 양식에서 철학의 형이상학적 규명을 시도한 사람이 바로 슐츠Waler Schulz다. 가다머는 이 표현을 슐츠의 유명한 문제작《근대 형이상학에 있어서의 철학자의 신*Der Gott der neuzeitlichen Metaphysik*》(초판, 1957/12판, 1992)에서 인용한 것으로 보인다. 즉 "유한성과 대립하는 그 정도로ihr gegensätzliches Mass"라든가 "신학과의 감추어진 대립 관계로in verborgenem gegen die Theologie" 또는 "칸트 인식론 비판에서 대상 관계적으로gegenstandbezogen" 또는 "철학과 대립하여 있는im Gegensatz 것이 종교"라는 의미에 슐츠의 입장을 가다머는 본 논문 전개의 중요한 요지로 삼는다.

63 (저자주) 토마스 쿤Thomas S. Kuhn의 《과학혁명의 구조*Die Struktur wissenschaftlicher Revolutionen*》(1962/독일어본 2판, Auflage Frankfurt a. M., 1973).

64 (저자주) 비트겐슈타인(1889~1951)은《논리-철학 논고*Tractatus logico-philosophicus*》(1921)에서 밝힌 견해에 대한 자기비판을《철학 탐구 *Schriften*》(영어판, 1953)에서 하고 있다. 비트겐슈타인의 저서는 지금까지 6권이 나와 있다(Frankfurt a. M., 1960~).

65 예를 들면 목사의 설교는 단지 그 옛날의 예수의 가르침을 기억시

키는 데 목적이 있는 것이 아니라 말씀을 듣는 이들이 살아 있는 예수를 만나 어제와 다른 새로운 존재로 거듭나도록 예수의 가르침을 지금 여기에 살아 있는 언어로 되살려놓는 데 목적이 있다.

66 헤겔의 극단적 이성주의에 의해 전도된 당시 독일 사회에서는 패전과 더불어 자신들이 결코 이성적 존재가 아니라는 니힐리즘이 팽배하게 된다. 이성과 비이성이라는 상반되는 존재 해명을 극복하면서 나오는 것이 실존주의라고 할 수 있다. 하이데거의 피투된 존재나 기투해가는 존재도 이의 연장선상에서 이해할 수 있다. 바로 이러한 시대에 가다머가 살았고, 이것이 독일의 학문 전통으로 전승되어오는 것임을 가다머도 인정하며, 이 점에서 가다머가 자신의 철학을 헤겔로부터 다시 출발시키고 있음을 알 수 있다. 실제로 가다머는 헤겔의 변증법이 자신의 철학으로 어떻게 나아오고 있는가를 그의 전집 3권《새로운 시대의 철학*I Neuere Philosophie*》(Tübingen: J. C. Mohr, 1987)에서만이 아니라,《헤겔의 변증법*Hegels Dialektik—sehe Hermeneutische Studien*》(Tübingen: J. C. Mohr, 1980)에서도 쓰고 있다. 박남희, 〈헤겔의 변증법을 중심으로 가다머의 해석학에 들어가기〉,《해석학연구》 제9집(2002) 참조.

67 Gadamer, *Über die Verborgenheit der Gesundheit*(Frankfurt am Main: Suhrkamp Verlag , 1993).

68 Gadamer, *Erziehung ist sich erziehen*(Heidelberg: Kurpfälzischer Verlag, 2000).

69 Gadamer, *Schmerz*(Heidelberg: Universitätsverlag Winter Gmbh, 2003).

70 가다머,《가다머 현대 의학을 말하다》, 이유선 옮김(몸과 마음, 2002). 가다머,《교육은 자기 교육이다》, 손승남 옮김(동문선, 2004). 가다머,《고통》, 공병혜 옮김(철학과현실사, 2005).

71 Georgia Warnke, *Gadamer—hermeneutics, tradition and reason*(Polity Press,

1987). 조지아 원키,《가다머: 해석학, 전통 그리고 이성》, 이한우 옮김(민음사, 1999).

72 Kai Hammermeister, *Hans-Georg Gadamer*(München: Verlag D. H. Beck oHG,1999). 카이 하머마이스터,《한스 게오르크 가다머》, 임호일 옮김(한양대출판부, 2001).

73 박남희, 〈가다머의 작용사적 이해에 관한 연구〉(연세대 석사 학위 논문, 1998); 〈가다머의 지평 융합 비판〉(연세대 박사 학위 논문, 2002); 〈가다머의 진리와 방법 제2판 서문의 해석학적 논의와 비판〉,《해석학연구》 제7집(2000); 〈헤겔의 변증법을 중심으로 가다머의 해석학에 들어가기〉,《해석학연구》 제9집(2002), 〈실현의 진리에서 존재윤리에로〉,《해석학연구》 제14집(2007), 〈플로티누스의 산출과 가다머의 실현의 진리〉,《해석학연구》 제15집(2008).

74 예술에 대해 아도르노와 베냐민은 동일한 목적을 추구하면서도 상반된 입장을 견지한다. 즉 베냐민은 근대 사회에서 기술력에 의존한 작품이 기존의 특권화된 예술 사회로부터 대중예술 사회라는 민주사회로 나오게 하는 순기능을 한다고 보는 반면, 아도르노는 근대사회를 동일성이 지배하는 사회로 비판하며, 기술이 매개하는 작품은 다름 아닌 동일성의 논리에 의해 만들어진 것이기에 예술 작품이라고 할 수 없다고 본다. 그에게서는 동일성이 아닌 유일한 원본만이 예술 작품으로 이야기된다. 반면에 가다머는 이것 내지 저것으로 말해지는 모든 것을 실재성의 차원으로 보며, 이와 달리 마주하는 둘 사이에서 그때그때 늘 달리 새롭게 일어나는 진리의 자기 열림을 예술이라고 본다. 그러므로 가다머에게는 원본이 무엇이냐가 중요하지 않으며, 오직 진리의 경험만이 중요하다. 물론 여기에서 진리란 실재성이 아닌, 늘 달리 일어나는 생성의 운동이다. 그러므로 가다머는 예술과 진리와 이해의 운동을 하나로 여기고 있다.

75 Gadamer, *Wort und Bild-so wahr, so seiend in Äthetik und Poetik I: Kunst Aussage*, Gesammelte Werke, Bd. 7(Tübingen: J. C. Mohr 1993).

76 Gadamer, *Zur Phänomenolgie von Ritual und Sprache in Ästhetik und Poetik I: Kunst Aussage*, Gesammelte Werke, Bd. 7(Tiübngen: J. C. Mohr, 1993).

77 가다머와 하버마스의 논쟁에 대해서는 이구슬, 《해석학과 비판적 사회과학》(서광사, 1996) 참조.

78 이에 대해서는 가다머의 "Text und Interpretation"을 참조.

79 신 존재 증명, 보편 논쟁, 신구 논쟁과 같은 당대의 중요 관점에 대해 많은 학자들이 뜨겁게 논쟁을 벌인 것을 빗댄 말이다.

더 읽어야 할 자료들

다양한 학문 영역에서 가다머만큼 자주 언급되는 사람이 또 있을까 싶지만, 국내에서 출간된 그의 저서는 그리 많지가 않다. 《진리와 방법》과 《철학자 가다머 현대의학을 말하다》, 《고통》, 《교육은 자기 교육이다》와 이번에 번역 개정 출간되는 《과학 시대의 이성》이 전부다. 그에 관한 단행본 연구서 역시 많지 않다. 이러한 현실에서 가다머의 철학을 아는 데 한계가 있을 수밖에 없지만 아쉬운 대로 각 대학의 학위 논문과 한국해석학회에서 발간하는 해석학지에 발표된 논문들을 접할 수 있다. 다음 책들은 가다머의 사상의 궤적을 따라가는 데 도움이 될 만하다.

마르틴 하이데거, 《예술 작품의 근원》, 오병남·민형원 옮김(예전사, 1996)

출간된 지 오래된 책이지만 이 책의 내용이 지닌 중요성은 시간이 흐를수록 더욱 커진다. 가다머의 철학을 제대로 이해하기 위해서는 하이데거의 철학에 대한 이해가 전제되어야 하기 때문이다. 그중에서도 특히 하이데거의 언어와 예술에 관한 부분을 반드시 알아야 하기에 우선 이 책을 읽어볼 것을 권한다. 이 책은 예술과 언어에 대한 하이데거의 생각만이 아니라 그의 일생 동안의 사유의 근본 궤적 또한 군더더기 없이 보여준다. 시적 사유로서의 시와 철학적 사유로서의 존재론이 미분화된 채

개화하고 있는 그의 사유를 가장 잘 드러내 보여주는 책이라 하겠다.

볼프강 뢰트, 《변증법의 현대적 전개—칸트로부터 헤겔까지》, 임재진 옮김(중원문화, 1985)

가다머의 철학을 이해하기 위해서 반드시 알아야 할 또 한 사람의 철학자가 있다면 헤겔일 것이다. 헤겔을 알기 위해서는 물론 그의 《논리학》과 《정신현상학》을 읽는 것이 정석이겠으나, 변증법만을 분리하여 보고자 한다면 칸트에서 피히테, 셸링으로 이어져 헤겔로 나오는 변증법의 토대가 무엇인지를 밝혀나가는 이 책이 도움이 될 것이다. 가다머의 철학이 고대의 변증술로부터 헤겔의 변증법에 이르기까지 어떻게 관계하며 이어져오는지를 이 책을 통해 알 수 있다.

에드문트 후설, 《경험과 판단》, 이종훈 옮김(민음사, 1997)

후설의 후기 저작인 이 책은 가다머의 해석학과 여러 면에서 매우 유사한 주장을 한다는 점에서 놀랍다. 이 책에서는 후설 후기의 생활 세계가 하이데거에서 가다머로 어떻게 이어지고 있는지가 그대로 읽힌다. 가다머의 해석학을 심도 있게 공부하고자 하는 사람이라면 꼭 읽어봐야 할 책이다.

에리히 코레트, 《해석학》, 신귀현 옮김(종로서적, 1985)

좀 오래된 책이나, 가톨릭 신부인 코레트가 신학과 철학의 관점에서 해석학의 문제를 문제사로, 이해의 본질 구조로, 이해와 역사로, 이해와 진리의 문제로 풀어나가고 있으며, 가다머의 해석학을 해석학의 역사와 더불어 살펴보게 해준다.

오토 푀겔러 엮음, 《해석학의 철학》, 박순영 옮김(서광사, 1993)

하이데거의 조교였던 오토 푀겔러 교수가 엮은 이 책은 해석학이라는 학문을 처음 정초한 딜타이부터 하이데거, 립스, 그리고 가다머, 리터, 베커, 카를 오토 아펠, 하버마스, 폴 리쾨르 등 우리가 평소 접하기 어려운 해석학자들까지 아우르며 그들 해석학의 특징과 그들이 무엇을 문제시했는지를 설명한다. 해석학의 역사를 객관적으로 서술하고 있다는 점에서 통독할 것을 권한다.

이구슬, 《해석학과 비판적 사회과학》(서광사, 1996)

저자의 박사 학위 논문을 손보아 출판한 책으로 가다머와 하버마스의 논쟁을 중심으로 해석학의 문제를 기술하고 있다. 하버마스의 입장에서 가다머를 다루고 있으나 비교적 객관성을 유지하려는 저자의 노력이 엿보인다.

조지아 원키, 《가다머—해석학 전통 그리고 이성》, 이한우 옮김(민음사, 1999)

《가다머의 철학적 해석학》(사상사, 1993)으로 출판되었던 책을 옮긴이가 손보아 재출간했다. 저자는 가다머 철학에 대한 비판적 시선을 염두에 두고 그의 철학을 기술한다. 해석학과 역사학에서 시작해, 원저자의 의도에 대해, 주관주의라는 비판에 대해, 이데올로기 비판에 대해, 새로운 프래그머티즘에 반해, 가다머가 과연 어떻게 이야기할 수 있을지를 기술한다. 가다머의 특징을 대화와 경험과 도야에서 찾는 이 책은 리처드 E. 팔머, 《해석학이란 무엇인가》, 이한우 옮김(문예출판사, 1990)과 함께 읽으면 좋을 것이다.

장 그롱댕, 《철학적 해석학 입문》, 최성환 옮김(한울, 2008)

가장 최근에 번역된 책으로 가다머의 철학적 해석학이 무엇인가에 대한 전반적 흐름을 알게 한다. 해석학의 역사에서 가다머의 해석학에로 여정과 더불어 이에 관한 논쟁도 함께 다루고 있다.

옮긴이에 대하여

박남희nhee-park@hanmail.net

연세대 철학과에서 〈가다머의 작용사적 이해에 관한 연구〉로 석사 학위를, 〈가다머의 지평 융합 비판〉으로 박사 학위를 받았다. 현재 한국해석학회 부회장으로 대학과 대학원에서 철학을 강의하면서 철학의 실천을 위해 다각적인 활동을 하고 있다.

저서로는 《세기의 철학자는 무엇을 묻고 어떻게 답했나 ── 그들의 물음을 통해 다시 쓰는 서양 철학사》(세계사, 2014), 《천천히 안아주는 중》(세계사학, 2014), 《내 마음에게 물어봐요》(리스컴, 2015) 등이 있고, 공저로는 《세상을 바꾼 철학자들》(동녘, 2015), 《처음 읽는 독일현대철학》(동녘, 2013), 《이성의 다양한 목소리》(철학과현실사, 2009), 《비극적 실존의 치유자 칼 야스퍼스》(철학과현실사, 2008), 《종교와 철학 사이에서》(이레, 2013), 《에큐메니즘·평화·여성·민중》(도서출판 새길, 2010), 《거리의 인문학》(삼인, 2012), 《행복한 인문학》(이매진, 2008), 《삐뚤빼뚤 생각해도 괜찮아》(동녘, 2013), 《쓸모없어도 괜찮아》(동녘, 2015), 《삐뚤빼뚤 질문해도 괜찮아》(동녘, 2016) 등이 있다.

과학 시대의 이성

초판 1쇄 발행 2009년 7월 20일
개정 1판 1쇄 발행 2024년 8월 16일
개정 1판 2쇄 발행 2025년 11월 15일

지은이 한스 게오르크 가다머
옮긴이 박남희

펴낸이 김준성
펴낸곳 책세상
등록 1975년 5월 21일 제2017-000226호
주소 서울시 마포구 월드컵로23길 38, 2층 (04011)
전화 02-704-1251
팩스 02-719-1258
이메일 editor@chaeksesang.com
광고·제휴 문의 creator@chaeksesang.com
홈페이지 chaeksesang.com
페이스북 /chaeksesang **트위터** @chaeksesang
인스타그램 @chaeksesang **네이버포스트** bkworldpub

ISBN 979-11-7131-130-9 04080
979-11-5931-221-2 (세트)

책세상문고·고전의 세계

- **민족이란 무엇인가** 에르네스트 르낭 | 신행선
- **학자의 사명에 관한 몇 차례의 강의** 요한 G. 피히테 | 서정혁
- **인간 정신의 진보에 관한 역사적 개요** 마르퀴 드 콩도르세 | 장세룡
- **순수이성 비판 서문** 이마누엘 칸트 | 김석수
- **사회 개혁이냐 혁명이냐** 로자 룩셈부르크 | 김경미·송병헌
- **조국이 위험에 처하다 외** 앙리 브리사크·장 알만 외 | 서이자
- **혁명 시대의 역사 서문 외** 야콥 부르크하르트 | 최성철
- **논리학 서론·철학백과 서론** G. W. F. 헤겔 | 김소영
- **피렌체 찬가** 레오나르도 브루니 | 임병철
- **인문학의 구조 내에서 상징형식 개념 외** 에른스트 카시러 | 오향미
- **인류의 역사철학에 대한 이념** J. G. 헤르더 | 강성호
- **조형예술과 자연의 관계** F. W. J. 셸링 | 심철민
- **사회주의란 무엇인가 외** 에두아르트 베른슈타인 | 송병헌
- **행정의 공개성과 정치 지도자 선출 외** 막스 베버 | 이남석
- **전 세계적 자본주의인가 지역적 계획경제인가 외** 칼 폴라니 | 홍기빈
- **순자** 순황 | 장현근
- **언어 기원에 관한 시론** 장자크 루소 | 주경복·고봉만
- **신학-정치론** 베네딕투스 데 스피노자 | 김호경
- **성무애락론** 혜강 | 한흥섭
- **맹자** 맹가 | 안외순
- **공산당선언** 카를 마르크스·프리드리히 엥겔스 | 이진우
- **도덕 형이상학을 위한 기초 놓기** 이마누엘 칸트 | 이원봉
- **정몽** 장재 | 장윤수
- **체험·표현·이해** 빌헬름 딜타이 | 이한우
- **경험으로서의 예술** 존 듀이 | 이재언
- **인설** 주희 | 임헌규
- **인간 불평등 기원론** 장자크 루소 | 주경복·고봉만
- **기적에 관하여** 데이비드 흄 | 이태하
- **논어** 공자의 문도들 엮음 | 조광수
- **행성에 관한 철학적 논구** G. W. F. 헤겔 | 박병기
- **성세위언—난세를 향한 고언** 정관잉 | 이화승

책세상문고 · 고전의 세계

- **문화과학과 자연과학** 하인리히 리케르트 | 이상엽
- **황제내경** 황제 | 이창일
- **과진론 · 치안책** 가의 | 허부문
- **도덕의 기초에 관하여** 아르투어 쇼펜하우어 | 김미영
- **남부 문제에 대한 몇 가지 주제들 외** 안토니오 그람시 | 김종법
- **나의 개인주의 외** 나쓰메 소세키 | 김정훈
- **교수취임 연설문** G.W.F. 헤겔 | 서정혁
- **음악적 아름다움에 대하여** 에두아르트 한슬리크 | 이미경
- **문사통의** 장학성 | 임형석
- **국가론** 장 보댕 | 임승휘
- **간접적인 언어와 침묵의 목소리** 모리스 메를로퐁티 | 김화자
- **나는 고발한다** 에밀 졸라 | 유기환
- **아름다움과 숭고함의 감정에 관한 고찰** 이마누엘 칸트 | 이재준
- **결정적 논고** 아베로에스 | 이재경
- **동호문답** 이이 | 안외순
- **판단력 비판** 이마누엘 칸트 | 김상현
- **노자** 노자 | 임헌규
- **제3신분이란 무엇인가** E. J. 시에예스 | 박인수
- **법학을 위한 투쟁** 헤르만 칸토로비츠 | 윤철홍
- **개인숭배와 그 결과들에 대하여** 니키타 세르게예비치 흐루시초프 | 박상철
- **법의 정신** 샤를 루이 드 스콩다 몽테스키외 | 고봉만
- **에티카** 베네딕투스 데 스피노자 | 조현진
- **실험소설 외** 에밀 졸라 | 유기환
- **권리를 위한 투쟁** 루돌프 폰 예링 | 윤철홍
- **사랑이 넘치는 신세계 외** 샤를 푸리에 | 변기찬
- **예기 · 악기** 작자 미상 | 한흥섭
- **파놉티콘** 제러미 벤담 | 신건수
- **가족, 사적 소유, 국가의 기원** 프리드리히 엥겔스 | 김경미
- **모나드론 외** G.W.라이프니츠 | 배선복